Clarissa Metzger

A SUBLIMAÇÃO

©2021 Aller Editora
A sublimação

Editora	Fernanda Zacharewicz
Conselho editorial	Andréa Brunetto — Escola de Psicanálise dos Fóruns do Campo Lacaniano
	Beatriz Santos — Université Paris Diderot — Paris 7
	Lia Carneiro Silveira — Universidade Estadual do Ceará
	Luis Izcovich — Escola de Psicanálise dos Fóruns do Campo Lacaniano
Revisão	Fernanda Zacharewicz
	André Luiz Rodrigues
Capa	Wellinton Lenzi
Diagramação	Sonia Peticov

Série *Fundamentos da Psicanálise*
Primeira edição: março de 2021

Dados Internacionais de Catalogação na Publicação (CIP)
Ficha catalográfica elaborada por Angélica Ilacqua CRB-8/7057

M555s

Metzger, Clarissa

A sublimação / Clarissa Metzger. — São Paulo: Aller, 2021.
104 p. (Fundamentos da Psicanálise)

ISBN: 978-85-94347-34-3

1. Psicanálise 2. Sublimação (Psicologia) I. Título

21-0736   CDD 150.195
                                             CDU 159.964.2

Índice para catálogo sistemático
1. Psicanálise: Sublimação

Publicado com a devida autorização e com
todos os direitos reservados por

ALLER EDITORA
Rua Wanderley, 700
São Paulo-SP, CEP: 05011-001
Tel: (11) 93015.0106
contato@allereditora.com.br
Facebook: Aller Editora

Fundamentos da Psicanálise

A Aller Editora nasceu da necessidade de fazer frente à escassez de publicações psicanalíticas em nosso país. A acessibilidade às obras é uma das condições para que o psicanalista possa seguir continuamente sua formação, e isso marca fortemente o nosso catálogo.

Aos poucos, emergiu outra faceta do percurso do psicanalista: o início. Com um vocabulário específico, assim como todas as demais áreas de conhecimento, a psicanálise pode parecer um território difícil de desbravar.

Surge, então, a série *Fundamentos da Psicanálise*. Destinada aos leitores que dão seus primeiros passos no campo, ela aborda e media temas estruturais da teoria psicanalítica.

A insistência na transmissão da psicanálise recebe, a cada livro, a alegria da publicação, do fazer público esse saber que impulsiona. Apresentamos, portanto, *A sublimação*, o primeiro volume da série, escrito pela analista Clarissa Metzger, reconhecida pesquisadora do tema.

Sigamos!

Fernanda Zacharewicz
Editora

Qualquer que seja ela, de qualquer forma que ela seja tomada, a obra da sublimação não é de forma alguma necessariamente a obra de arte. Ela pode ser muitas outras coisas ainda, inclusive o que estou fazendo aqui com vocês, que não tem nada a ver com a obra de arte. Esta reprodução da falta [...], eis de que se trata em toda obra de sublimação realizada.

JACQUES LACAN,
Seminário *A lógica do fantasma*,
08 de março de 1967

Sumário

Introdução	9
Na fronteira entre o corporal e o psíquico: a pulsão	18
Cultura, sexualidade perversa e sublimação	24
Dessexualização do sexual?	36
O objeto socialmente valorizado	42
Sublimação: neurose, pesquisa e criação artística	44
A sublimação no segundo dualismo pulsional	57
Princípio de prazer e pulsão de morte	59
Complexo de Édipo e identificação	64
O mal-estar na civilização	69
A sublimação no ensino de Lacan	80
Necessidade, demanda, desejo	89
Considerações finais	101

Introdução[1]

É comum ouvir e ler referências variadas, por vezes não muito precisas, à sublimação; alguém afirma ter "sublimado" sua raiva em trabalho, outro pode dizer que "sublimou" uma paixão por um amigo, por exemplo. Nesse tipo de afirmação, que denota um uso popular do termo, encontramos alguma proximidade com a sublimação tal qual abordada pela psicanálise, mas talvez uma certa imprecisão teórica. Afinal, seria possível sublimar um afeto? O que exatamente quer dizer sublimar a raiva ou a paixão?

A sublimação é um tema bastante citado e discutido na psicanálise, embora o termo tenha origem em outras áreas do conhecimento. Tem originalmente significados físico-químico e filosófico: a transformação do sólido em gasoso sem passar pelo estado líquido, bem como o processo de purificação de determinadas substâncias. Ela também está ligada ao sublime, temática da estética que se insere no campo da filosofia. Na psicanálise, teve inicialmente o significado de engrandecimento e elevação, como encontramos por exemplo no

---

[1] Os capítulos que vão desde a "Introdução" até "O mal-estar na civilização" foram adaptados de minha dissertação de mestrado, defendida na USP em 2008.

"Rascunho L"[2] de Freud. Ali, o termo "sublimação" aparece pela primeira vez na obra freudiana[3], definindo uma defesa da histérica que consiste em uma espécie de "embelezamento" ou de ficcionalização de suas lembranças. Strachey comenta que, nesse texto, o termo ainda não surge com seu sentido psicanalítico posterior[4]. Como veremos adiante, a noção de sublimação sofreu transformações e ganhou especificações ao longo da teorização freudiana até chegar à sua definição mais conhecida, encontrada pela primeira vez em 1922, no artigo "Dois verbetes de enciclopédia" (no verbete "A teoria da libido"). A descrição de Freud aqui inclui a mudança de meta, de objeto e a valorização social, ou seja, as três características que definem, em sua obra, a sublimação na acepção mais completa.

> O destino mais importante que uma pulsão pode experimentar parece ser a *sublimação*; aqui, tanto o objeto quanto o objetivo são modificados; assim, o que originalmente era uma pulsão sexual encontra satisfação em alguma realização que não é mais sexual, mas de uma valoração social ou ética superior.[5]

---

[2]FREUD, S. (1897) Rascunho L. In: *Edição standard brasileira das obras psicológicas completas de Sigmund Freud. Publicações pré-psicanalíticas e esboços inéditos (1886-1889)*. Direção de tradução de Jayme Salomão. Rio de Janeiro: Imago, 1990c, vol. I, p. 342-346.
[3]Também na correspondência com Fliess, que acompanhava o "Rascunho L" em carta de maio de 1897.
[4]FREUD, S. (1897) Rascunho L. In: *Edição standard brasileira das obras psicológicas completas de Sigmund Freud. Publicações pré-psicanalíticas e esboços inéditos (1886-1889)*. Direção de tradução de Jayme Salomão. Rio de Janeiro: Imago, 1990c, vol. I, p. 341, nota de rodapé.
[5]FREUD, S. (1922) Dois verbetes de enciclopédia: a teoria da libido. In: *Edição standard brasileira das obras psicológicas completas de Sigmund Freud. Além do princípio do prazer, Psicologia de grupo e outros trabalhos (1920-1922)*. Direção de

Reza a lenda que Freud teria escrito, dentre os chamados textos metapsicológicos, um dedicado exclusivamente ao tema da sublimação. No entanto, teria se perdido, de modo que não temos acesso a uma sistematização do conceito realizada pelo próprio Freud nos termos dos atributos metapsicológicos por ele definidos: econômico, tópico e dinâmico. Por outro lado, Freud menciona e discute a sublimação em vários de seus textos. Neste livro, abordaremos de forma sintética alguns de seus principais desenvolvimentos acerca da sublimação. Ao final, introduziremos também de modo sucinto a releitura do conceito proposta pelo psicanalista Jacques Lacan, uma vez que lança luz sobre alguns pontos problemáticos do conceito na obra freudiana.

Alguns anos depois de sua primeira aparição no "Rascunho L"[6], a sublimação retorna no primeiro dos "Três ensaios sobre a teoria da sexualidade", de 1905, como um mecanismo de funcionamento psíquico próximo da formação reativa[7]. Lembremos que as formações reativas são os também chamados sentimentos morais e surgem a partir da passagem pelo complexo de Édipo, que opera uma normatização da sexualidade infantil perversa polimorfa. A partir dessa normatização, a satisfação pulsional sofrerá os efeitos do recalque

---

tradução de Jayme Salomão. Rio de Janeiro: Imago, 1990s, vol. XVIII, p. 309 (grifo do autor).
[6]FREUD, S. (1897) Rascunho L. In: *Edição standard brasileira das obras psicológicas completas de Sigmund Freud. Publicações pré-psicanalíticas e esboços inéditos (1886-1889)*. Direção de tradução de Jayme Salomão. Rio de Janeiro: Imago: 1990c, vol. I, p. 342-346.
[7]FREUD, S. (1905) Três ensaios sobre a teoria da sexualidade. In: *Edição standard brasileira das obras psicológicas completas de Sigmund Freud. Um caso de histeria, Três ensaios sobre a teoria da sexualidade e outros trabalhos (1901-1905)*. Direção de tradução de Jayme Salomão. Rio de Janeiro, Imago: 1990f, vol. VII, p. 166.

e nem toda forma de satisfação da pulsão será aceita pelo psiquismo. Os sentimentos morais — nojo, vergonha, piedade — consistem em uma transformação de impulsos que, por sua vez, resultarão em um desvio da satisfação pulsional.

No caso da sublimação, haveria um desvio das pulsões sexuais: de metas diretamente sexuais para outras ligadas às realizações culturais. Aqui também encontramos a sublimação como uma demora em um alvo sexual intermediário através do olhar. Essa demora permitiria que uma parcela da libido se voltasse para "alvos artísticos mais elevados"[8]. Ou seja, a sublimação implicaria uma parcela de abstinência de realização sexual direta em prol de alvos artísticos. Em relação ao prazer de ver, Freud traça um limite entre a sublimação e a perversão (voyeurismo), já que, nessa última, haveria características de exclusividade e fixação na forma de obtenção de prazer, diferente do que ocorreria com a sublimação, que permitiria, ao contrário, uma diversificação na obtenção de prazer, que agora incluiria as satisfações intelectuais, culturais e artísticas. Ainda de acordo com o ponto de vista da época, a ocultação do corpo, consequência do processo cultural, despertaria uma curiosidade sexual que poderia ser sublimada — desviada para a arte —, caso o interesse não se restringisse aos genitais, mas se alastrasse para todo o corpo. Um bom exemplo disso seria o interesse de Leonardo da Vinci pelo corpo humano, expresso tanto em suas pinturas quanto em suas pesquisas científicas (lembremos do Homem Vitruviano), voltadas muitas vezes ao desenvolvimento de máquinas que buscavam ampliar o alcance, a força e o impacto do corpo do homem. Segundo esse entendimento, a perversão consistiria na restrição à genitália, à superação do

---

[8]*Ibid.*, p. 147.

asco ou à prevalência do que deveria ser preliminar em detrimento da relação sexual *stricto sensu*.

Aqui, os pontos de vista de Freud já revelam, embora de forma incipiente, as características da sublimação que vão acompanhar o conceito até o fim de sua obra: a mudança de meta da pulsão, sua dessexualização e a mudança de objeto da pulsão, ou seja, a valorização social, que aparece na forma do desvio para a arte. Trata-se de proposições que devem ser elucidadas, pois, se, por um lado, trazem aportes teóricos importantes para a compreensão da sublimação, por outro lado, trazem problemas teóricos igualmente relevantes.

O conceito de sublimação sofre modificações ao longo da obra freudiana, algumas mais significativas — como as *consequências* da sublimação —, outras menos. Assim, a formulação gradualmente mais complexa desse conceito se combina com mudanças em relação às teorias pulsionais, fazendo com que o status da sublimação também se modifique.

Se inicialmente encontramos a sublimação como uma defesa histérica, pouco depois ela surge como a inibição dos fins diretamente sexuais — ou dessexualização —, processo que funciona como um dos pilares da civilização, ideia que se mantém até o fim para Freud.

A mudança de objeto, introduzida explicitamente como característica da sublimação em 1915, em "Pulsões e destinos da pulsão"[9], é crucial para uma nova definição do conceito, uma vez que "desnaturaliza" ainda mais a relação do homem com seu objeto de satisfação, permitindo uma variabilidade de objetos virtualmente infinita para satisfazer a pulsão.

---

[9]FREUD, S. (1915) Pulsiones y destinos de pulsión. In: *Obras Completas*. 2ª ed. Buenos Aires: Amorrortu, 2004, vol. XIV, 2ª ed., p. 105-134.

A necessidade da valorização social do objeto para definir a sublimação a coloca de forma definitiva como base da cultura, como processo que aglutina os sujeitos em torno de um objeto — e, em uma concepção mais ampla da sublimação, ela pode ser pensada como aquilo que funda a própria possibilidade de relação entre os indivíduos, no sentido do laço social, na medida em que este inibe os fins sexuais para a formação de vínculos dentro de um grupo[10].

Tais modificações relativas ao conceito de sublimação trazem questões importantes: até que ponto a dessexualização é possível e efetiva, já que a pulsão seria por excelência a manifestação do sexual para a psicanálise? O que significa o abandono dos objetos sexuais e a busca de novos objetos, e quais as consequências dessa mudança? O que define que um objeto seja "socialmente valorizado"?

Em 1908, em "Moral sexual 'civilizada' e doença nervosa moderna"[11], a sublimação surge sob a pena de Freud como base da cultura. Ao mesmo tempo, a dessexualização, parte desse processo, é apresentada como causadora de grandes males. Ao serem exigidos em um nível de dessexualização maior do que podem suportar, muitos indivíduos adoeceriam, vítimas da neurose, que se afigura como uma satisfação sexual substitutiva, já que a satisfação sexual direta está proibida pela moral civilizada. Por outro lado, a neurose acarreta prejuízo

---

[10]FREUD, S. (1921) Psicologia de grupo e análise do ego. In: *Edição standard brasileira das obras psicológicas completas de Sigmund Freud. Além do princípio do prazer, Psicologia de grupo e outros trabalhos (1920-1922)*. Direção de tradução de Jayme Salomão. Rio de Janeiro: Imago, 1990, vol. XVIII, p. 77-154.

[11]FREUD, S. (1908) Moral sexual "civilizada" e doença nervosa moderna. In: *Edição standard brasileira das obras psicológicas completas de Sigmund Freud. "Gradiva" de Jensen e outros trabalhos (1906-1908)*. Direção de tradução de Jayme Salomão. Rio de Janeiro: Imago, 1990i, vol. IX, p. 185-208.

para a própria cultura, uma vez que os indivíduos que dela padecem se tornam pouco ou nada úteis para a participação em sociedade, estando frequentemente tomados por seus sintomas, sua inibição e sua angústia.

Em "O mal-estar na civilização", a sublimação é novamente apresentada como estruturante da cultura, ao lado da formação de traços caracterológicos e da repressão pulsional:

> A sublimação das pulsões é um traço particularmente evidente no desenvolvimento cultural; possibilita que atividades psíquicas superiores — científicas, artísticas, ideológicas — desempenhem um papel substancial na vida cultural.[12]

Fica clara a grande importância desse destino pulsional que é a sublimação, o que leva Freud a afirmar que "Se nos rendêssemos a uma primeira impressão, diríamos que a sublimação constitui uma vicissitude que foi imposta às pulsões de forma total pela cultura. Seria prudente refletir um pouco mais sobre isso"[13]. Não podemos desprezar a influência da cultura sobre a sublimação, mas é preciso atentar para o alerta de Freud: talvez a sublimação tenha sua origem em algum outro lugar.

Mais à frente[14], encontramos a hipótese orgânica de Freud a respeito da sublimação. Ele explicita suas ideias sobre modificações na sexualidade genital humana ao longo dos tempos,

---

[12]FREUD, S. (1930) O mal-estar na civilização. In: *Edição standard brasileira das obras psicológicas completas de Sigmund Freud. O futuro de uma ilusão, O mal-estar na civilização e outros trabalhos (1927-1931)*. Direção de tradução de Jayme Salomão. Rio de Janeiro: Imago, 1990v, vol. XXI, p. 118.
[13]*Ibid.*
[14]*Ibid.*, p. 127, nota de rodapé.

de tal forma que, com a assunção da postura ereta, a sexualidade genital, assim como o erotismo anal, caiu em parte sob uma repressão orgânica. A repressão orgânica teria seu fundamento no fato de que, uma vez não mais adotando a postura quadrúpede, o olfato perderia protagonismo para a visão, do mesmo modo que o acesso direto aos órgãos genitais dos outros indivíduos. Assim, a satisfação sexual completa não seria mais acessível, visto que a repressão orgânica a impediria. Por esse motivo, a pulsão sexual seria forçada a um desvio para sublimações e outros deslocamentos da libido. Encontramos, dessa forma, uma justificativa para o surgimento da sublimação articulada à postura ereta: não se trataria de uma imposição cultural, mas de um destino pulsional dentre outros, desencadeado pela mudança postural do homem. A velha questão do atrelamento inicial da psicanálise à biologia parece marcar presença também no que se refere à origem da sublimação, já que a hipótese da repressão orgânica é, na verdade, uma tentativa de aproximar as modificações dos destinos da pulsão de uma teoria evolucionista. Curiosamente, a hipótese do mito do assassinato primordial, explorada em "Totem e tabu"[15], parece realizar um movimento oposto, retirando a ênfase da hipótese biológica e chamando a atenção para uma explicação de cunho "histórico-psicológico"[16] — poderíamos dizer antropológico[17].

---

[15] FREUD, S. (1913) Totem e tabu. In: *Edição standard brasileira das obras psicológicas completas de Sigmund Freud. Totem e tabu e outros trabalhos (1913-1914)*. Direção de tradução de Jayme Salomão. Rio de Janeiro: Imago, 1990, vol. XIII, p. 11-163.

[16] MEZAN, R. *Freud, pensador da cultura*. São Paulo: Brasiliense, 1990, p. 489.

[17] Podemos nos referir a três diferentes hipóteses no bojo da teoria freudiana em relação à origem da sublimação: a que acabamos de citar, referente à adoção da postura ereta; a "histórico-psicológica", que se apoiaria em

INTRODUÇÃO

Um dos conceitos que sofre mudanças significativas com o advento da pulsão de morte é a sublimação. Aquilo que, em um momento inicial, poderia se configurar como a grande possibilidade de escape da neurose se revela, pouco a pouco, um recurso bem mais limitado do que poderia parecer à primeira vista, o que tem consequências de vários tipos e magnitudes, tanto para o indivíduo quanto para a sociedade. Se, inicialmente, em 1908, o grande problema da sublimação parecia ser a dessexualização, ou seja, o fato de que o indivíduo necessita de uma parcela indispensável de satisfação direta das necessidades pulsionais — o que limitaria a sublimação —, *após o artigo de 1920, é preciso pensar quais as consequências da entrada em cena da pulsão de morte e o que ocorre com a pulsão de morte, que deve permanecer desfusionada após o processo de sublimação. Além disso, é importante examinar que outras consequências se podem deduzir desse destino pulsional.*

Se o aspecto benéfico da sublimação já é questionado por Freud em 1908, ainda dentro da primeira teoria pulsional, a partir de 1920, já no bojo da segunda teoria das pulsões, ele também não deixa dúvidas quanto ao estatuto limitado da sublimação. Fica claro como a tensão causada pela pulsão reprimida persistirá apesar da sublimação, uma vez que esta não satisfaz por completo. Nesse sentido, a sublimação se configura como tentativa sempre renovada de busca de uma satisfação completa impossível e distante de atingir a satisfação plena, já que as resistências obstruem o caminho que supostamente conduziria a tal satisfação[18].

"Totem e tabu", citada por Mezan, e uma hipótese calcada no Édipo, como encontraremos mais à frente.
[18]FREUD, S. (1920) Além do princípio de prazer. In: *Edição standard brasileira das obras psicológicas completas de Sigmund Freud. Além do princípio do prazer,*

Na fronteira entre o corporal e o psíquico: a pulsão

A sublimação é um dos quatro possíveis destinos pulsionais enunciados por Freud em "Pulsões e destinos da pulsão"[19], juntamente com o recalcamento, a transformação em seu oposto e o retorno ao eu. Na sublimação, ocorreria uma inibição da finalidade (meta) sexual da pulsão. Freud também enuncia características que definem a pulsão. São eles: força (*Drang*); finalidade (*Ziel*); objeto (*Objekt*) e fonte (*Quelle*). O objeto é definido nesse artigo como o que há de mais variável na pulsão. Freud diz que, devido à capacidade das pulsões de mudar de objeto, elas são igualmente capazes de atingir metas distantes de seus objetivos sexuais primordiais, ou seja, as pulsões são capazes de sublimação[20]. Assim, tanto a mudança de *meta* quanto a mudança de *objeto* já aparecem como definidoras do processo sublimatório, ainda que formulações mais explícitas nesse sentido surjam posteriormente na obra freudiana.

Psicologia de grupo e outros trabalhos (1920-1922). Direção de tradução de Jayme Salomão. Rio de Janeiro: Imago, 1990r, vol. XVIII, p. 60.
[19]FREUD, S. (1915) Pulsiones y destinos de pulsión. In: *Obras Completas*. 2ª ed. Buenos Aires: Amorrortu, 2004, vol. XIV, 2ª ed., p. 105-134.
[20]FREUD, S. (1915) Os instintos e suas vicissitudes. In: *Edição standard brasileira das obras psicológicas completas de Sigmund Freud. A história do movimento psicanalítico, artigos sobre metapsicologia e outros trabalhos (1914-1916)*. Direção de tradução de Jayme Salomão. Rio de Janeiro: Imago, 1990o, vol. XIV, p. 147. Freud se refere especificamente às pulsões sexuais.

Por se tratar de um destino pulsional, o entendimento da sublimação depende, por um lado, em grande parte, da concepção da pulsão e de suas características e, por outro, do que estará em jogo em cada um dos principais dualismos pulsionais freudianos.

Segundo Garcia-Roza, o termo "pulsão" aparece pela primeira vez, em acepção terminológica e ainda não conceitual, nos trabalhos de Freud em 1890, sendo encontrado no mesmo sentido em vários de seus trabalhos posteriores, ainda que de forma esparsa[21], e surgindo conceitualmente nos "Três ensaios"[22].

Em "Pulsões e destinos da pulsão", Freud assim define pulsão:

> Se agora nos dedicarmos a considerar a vida mental de um ponto de vista biológico, uma pulsão nos aparecerá como sendo um conceito situado na fronteira entre o mental e o somático, como o representante psíquico dos estímulos que se originam dentro do organismo e alcançam a mente, como uma medida de exigência feita à mente no sentido de trabalhar em consequência de sua ligação com o corpo.[23]

---

[21]GARCIA-ROZA, L.F. *Introdução à metapsicologia freudiana*. Rio de Janeiro: Jorge Zahar Editor, vol. III, 6ª ed., 2004, p. 79.
[22]FREUD, S. (1905) Três ensaios sobre a teoria da sexualidade. In: *Edição standard brasileira das obras psicológicas completas de Sigmund Freud. Um caso de histeria, Três ensaios sobre a teoria da sexualidade e outros trabalhos (1901-1905)*. Direção de tradução de Jayme Salomão. Rio de Janeiro, Imago: 1990f, vol. VII, p. 118-228.
[23]FREUD, S. (1915) Os instintos e suas vicissitudes. In: *Edição standard brasileira das obras psicológicas completas de Sigmund Freud. A história do movimento psicanalítico, artigos sobre metapsicologia e outros trabalhos (1914-1916)*. Direção de tradução de Jayme Salomão. Rio de Janeiro: Imago, 1990o, vol. XIV, p. 142.

Se essa definição não se configura como completamente nova[24], ela situa a pulsão como um conceito de borda. Nos artigos metapsicológicos, como "O inconsciente"[25] e "Recalque"[26], a pulsão é caracterizada em seu aspecto quantitativo e diferenciada de sua representação (*Vorstellung*), que pode se dar através de representantes afetivos ou ideativos, os quais, por sua vez, não se confundem com aquela[27].

Assim, a pulsão seria um estímulo *para* o psíquico, no sentido de algo que vem de fora e faz ao psiquismo uma exigência de trabalho[28]. Garcia-Roza explicita que a pulsão não seria *nem* um elemento anímico *nem* somático, mas uma outra coisa, algo cuja principal característica parece ser justamente o fato de estar *na fronteira, nas bordas,* entre o psíquico e o somático.

A teoria pulsional é considerada por Freud como parte essencial da teoria psicanalítica, apesar da obscuridade que carrega consigo e que o próprio Freud destaca em alguns de seus trabalhos. A obscuridade da teoria pulsional está ligada

---

[24]Ela já aparece, de forma quase idêntica, na 3ª parte do Caso Schreber (1911) e em trecho acrescentado aos Três ensaios (1905).
[25]FREUD, S. (1915) O inconsciente. In: *Edição standard brasileira das obras psicológicas completas de Sigmund Freud. A história do movimento psicanalítico, artigos sobre metapsicologia e outros trabalhos (1914-1916)*. Direção de tradução de Jayme Salomão. Rio de Janeiro, Imago, 1990, vol. XIV, p. 185-245.
[26]FREUD, S. (1915) Recalque. In: *Edição standard brasileira das obras psicológicas completas de Sigmund Freud. A história do movimento psicanalítico, artigos sobre metapsicologia e outros trabalhos (1914-1916)*. Direção de tradução de Jayme Salomão. Rio de Janeiro, Imago, 1990, vol. XIV, p. 145-162.
[27]FREUD, S. (1915) O inconsciente. In: *Edição standard brasileira das obras psicológicas completas de Sigmund Freud. A história do movimento psicanalítico, artigos sobre metapsicologia e outros trabalhos (1914-1916)*. Direção de tradução de Jayme Salomão. Rio de Janeiro, Imago, 1990, vol. XIV, p. 175-176.
[28]GARCIA-ROZA, L.F. *Introdução à metapsicologia freudiana*. Rio de Janeiro: Jorge Zahar Editor, vol. III, 6ª ed., 2004, p. 82-84.

ao fato de que não estamos nos domínios da "visibilidade", do empiricamente comprovável, mas de uma exigência lógica dentro da teoria psicanalítica. Garcia-Roza[29] ressalta o estatuto de ficção teórica dos conceitos fundamentais de qualquer ciência e, principalmente, a *função* de tais conceitos. Com a psicanálise e o conceito de pulsão, não é diferente. A criação desse conceito vem responder a uma lacuna existente no entendimento psicanalítico da economia psíquica. Tanto é assim que Freud, mesmo muitos anos depois de ter concebido a pulsão, continua insatisfeito com os avanços de seu conhecimento sobre o tema. Em contrapartida, é inegável que a pulsão se torna um conceito fundamental na teoria psicanalítica.

A pulsão é uma hipótese necessária, uma vez que o homem saiu do estado de natureza. Essa saída implica a perda dos instintos como fundamento da vida humana, já que ela está relacionada à entrada na cultura, a qual, por seu turno, não pode ser concebida sem a presença da linguagem, que permeia toda a cultura humana, seja pela via da palavra, seja pela via das imagens, dos conceitos... Poderíamos dizer que o advento da pulsão é um acontecimento de borda na passagem que o homem faz da natureza à cultura. Lembremos que, se o homem entrou na cultura, essa entrada é correlata à sua ligação com a linguagem, já que, como ensina Lacan, a pulsão é o eco no corpo de que há um dizer. A linguagem diferencia o homem de todos os outros animais (existem animais que se comunicam, como as abelhas por exemplo, mas não podemos dizer que elas têm uma linguagem) e modifica a relação do homem com seu corpo e com o mundo — lembremos que a psicanálise nada mais é do que uma "cura pela fala". Se ela

---
[29]*Ibid.*

sobrevive até nossos dias, é porque falar — o que é impossível fazer sem uma linguagem — pode modificar a relação do homem consigo mesmo e com o mundo.

Mas no que exatamente o instinto difere da pulsão? Enquanto o instinto tem um objeto específico de satisfação, é cíclico e cessa uma vez atendido, a pulsão, diferente disso, não tem objeto específico e exerce uma pressão constante (a *Konstant Kraft* enunciada por Freud em "Pulsão e destinos da pulsão"[30]), já que não encontra satisfação completa.

Desse modo, a passagem da natureza para a cultura e o advento da pulsão em detrimento do instinto terão como consequência uma série de modificações na relação do homem com os outros homens e também com o mundo que o rodeia — inclusive com a própria natureza, como mostra a história da humanidade desde tempos remotos até as mais recentes modificações climáticas causadas pela sua influência em nosso planeta. São as características da pulsão que abrem caminho para a possibilidade sublimatória: a pressão constante, que obriga o homem a buscar sempre outras formas de descarga da tensão, e a contingencialidade do objeto, que amplia suas possibilidades, ao mesmo tempo em que transforma o homem em um ser desadaptado e sem objetos específicos de satisfação.

É comum que façamos referência, na psicanálise freudiana, a duas teorias pulsionais. Freud faz questão de sustentar, em cada uma delas, um dualismo, ou seja, um tensionamento

---

[30]FREUD, S. (1915) Os instintos e suas vicissitudes. In: *Edição standard brasileira das obras psicológicas completas de Sigmund Freud. A história do movimento psicanalítico, artigos sobre metapsicologia e outros trabalhos (1914-1916)*. Direção de tradução de Jayme Salomão. Rio de Janeiro: Imago, 1990o, vol. xiv, p. 129-162.

entre dois tipos diferentes de pulsão. Na primeira teoria pulsional, ele opõe, de um lado, pulsões do eu, ou de autoconservação, e, de outro, as chamadas pulsões sexuais. Enquanto as primeiras guardariam proximidade maior com um aporte instintual, já que visariam a manutenção da espécie humana, as últimas estariam diretamente ligadas à satisfação sexual. Importante notar que a concepção das pulsões de autoconservação evidencia a tentativa de aproximar a pulsão do instinto, recorrendo à biologia, já que o que estaria em jogo nesse caso seria a "preservação do indivíduo", que parece se aproximar da ideia de um "instinto de sobrevivência". Já as pulsões sexuais, ou libido, se desenvolveriam "apoiadas" nas pulsões de autoconservação, mas, pouco a pouco, se diferenciariam delas, voltando-se de modo intensivo para a obtenção de prazer. Freud tenta encontrar subsídios para que a pulsão sexual fosse o corolário da preservação da espécie, pois que ela participaria da reprodução através de sua manifestação como libido.

O primeiro dualismo pulsional entra em crise com a proposição freudiana do narcisismo, em 1914. De modo sucinto, podemos dizer que o narcisismo ameaça a oposição entre os dois tipos de pulsão, uma vez que o narcisismo seria uma libido voltada para o eu. Como justificar que o narcisismo — fundamento da sobrevivência do eu — se daria às expensas da libido, componente da sexualidade?

Seis anos mais tarde, em 1920, Freud publica "Além do princípio de prazer"[31], artigo no qual apresenta o que

---

[31] FREUD, S. (1920) Além do princípio de prazer. In: *Edição standard brasileira das obras psicológicas completas de Sigmund Freud. Além do princípio do prazer, Psicologia de grupo e outros trabalhos (1920-1922)*. Direção de tradução de Jayme Salomão. Rio de Janeiro: Imago, 1990r, vol. XVIII, p. 13-85.

se convencionou chamar de segundo dualismo pulsional. Ele agrupa as pulsões do eu, ou de autoconservação, e as pulsões sexuais sob a égide das "pulsões de vida" e da "pulsão de morte". Como veremos adiante, essa mudança também trouxe importantes consequências para a noção de sublimação.

Cultura, sexualidade perversa e sublimação

Em "Moral sexual 'civilizada' e doença nervosa moderna"[32], de 1908, Freud reflete sobre as exigências da cultura e suas influências sobre a neurose. Na verdade, além de discutir detidamente o antagonismo entre indivíduo e cultura, ele resume descobertas feitas apenas três anos antes em "Três ensaios sobre a teoria da sexualidade"[33], das quais encontramos claras referências[34]. Ele concentra seus esforços em elucidar a

---

[32]FREUD, S. (1908) Moral sexual "civilizada" e doença nervosa moderna. In: *Edição standard brasileira das obras psicológicas completas de Sigmund Freud. "Gradiva" de Jensen e outros trabalhos (1906-1908)*. Direção de tradução de Jayme Salomão. Rio de Janeiro: Imago, 1990i, vol. IX, p. 185-208.

[33]FREUD, S. (1905) Três ensaios sobre a teoria da sexualidade. In: *Edição standard brasileira das obras psicológicas completas de Sigmund Freud. Um caso de histeria, Três ensaios sobre a teoria da sexualidade e outros trabalhos (1901-1905)*. Direção de tradução de Jayme Salomão. Rio de Janeiro, Imago: 1990f, vol. VII, p. 118-228.

[34]FREUD, S. (1908) Moral sexual "civilizada" e doença nervosa moderna. In: *Edição standard brasileira das obras psicológicas completas de Sigmund Freud. "Gradiva" de Jensen e outros trabalhos (1906-1908)*. Direção de tradução de Jayme Salomão. Rio de Janeiro: Imago, 1990i, vol. IX, p. 186, nota do editor inglês.

etiologia da neurose naquilo que ela tem de relação com a ordem cultural, sem renunciar à causa sexual da neurose. É também em "Moral sexual..." que encontramos, de forma resumida, algumas das contribuições mais relevantes para o tema da sublimação na chamada primeira teoria pulsional.

Aqui, Freud aborda pela primeira vez de forma mais extensa o antagonismo entre vida pulsional e cultura, que perpassa muitos de seus textos desde o ano de 1897, quando surge pela primeira vez, em correspondência de 31 de maio a seu amigo W. Fliess[35]. Interessante notar que, se a pulsão é o corolário da cultura, como comentamos acima, há, ao mesmo tempo, um certo antagonismo entre ambas. É o que nos mostram as incompatibilidades do homem com a cultura produzida por ele próprio, exemplificada nas violentas brigas de torcidas em estádios de futebol. Esse esporte coletivo, que pode ser uma manifestação cultural e mesmo sublimatória, se mostra origem da satisfação pulsional direta — e não mais sublimada — na forma de violência física, não apenas nas torcidas, mas muitas vezes no próprio campo de futebol. Lembremos que a satisfação pulsional não é apenas o prazer, mas sim todo modo de descarga da pulsão, tal como ensina Freud em "Pulsão e destinos da pulsão"[36]. Uma hipótese que sustentaria esse antagonismo reside na renúncia pulsional que a cultura exige, renúncia que, por vezes, se torna insustentável e pode ter como consequência o adoecimento do indivíduo.

---

[35]SILVA JR., N. A gramática pós-moderna da perversão e sua clínica psicanalítica. In: Milnitzky, F. (org.) *Desafios da clínica psicanalítica na atualidade.* Goiânia: Dimensão, 2006, volume 1, p. 103-115.
[36]FREUD, S. (1915) Pulsiones y destinos de pulsión. In: *Obras Completas.* 2ª ed. Buenos Aires: Amorrortu, 2004, vol. XIV, 2ª ed., p. 105-134.

Em 1908, Freud retoma o entendimento de elementos da sexualidade perversa como aquilo que pode ser sublimado[37], assim como uma breve discussão sobre a inibição intelectual neurótica, suas origens e consequências[38]. Seu pressuposto em "Moral sexual..." é de que

> Cabe supor que, sob o regime de uma moral sexual civilizada, a saúde e a aptidão dos indivíduos estejam sujeitas a danos, e que tais prejuízos causados pelos sacrifícios que lhes são exigidos terminem por atingir um grau tão elevado, que cheguem a colocar também em perigo os objetivos culturais.[39]

Freud aborda a parcela desse prejuízo mais diretamente relacionada à neurose — a "doença nervosa moderna". Assim, a cultura sofreria de uma contradição interna desde sua origem: se, por um lado, necessita para sua existência de algum sacrifício em relação à satisfação pulsional dos indivíduos, por outro, esse mesmo sacrifício é o que coloca em risco a cultura, já que contribui para o surgimento da neurose, que, por sua vez, limita ou incapacita os indivíduos. Na primeira teoria pulsional, esse seria o maior prejuízo causado à cultura pela restrição à pulsão.

---

[37] Freud se detém mais neste ponto em seu artigo "Três ensaios sobre a teoria da sexualidade", publicado pela primeira vez em 1905, três anos antes do texto que ora discutimos.
[38] Tema abordado posteriormente no texto sobre Leonardo da Vinci, publicado em 1910
[39] FREUD, S. (1908) Moral sexual "civilizada" e doença nervosa moderna. In: *Edição standard brasileira das obras psicológicas completas de Sigmund Freud. "Gradiva" de Jensen e outros trabalhos (1906-1908)*. Direção de tradução de Jayme Salomão. Rio de Janeiro: Imago, 1990i, vol. IX, p. 187.

O sacrifício da satisfação pulsional nada mais é do que o recalque do sexual — seria sobre esse recalque que repousaria a cultura[40]. No entanto, a pulsão que permaneceu livre a partir do recalque de seus representantes ideativos encontraria satisfação substitutiva na neurose. Desde muito cedo em sua teoria, Freud deixa claro que a neurose é uma forma de satisfação da pulsão, embora aparentemente o sintoma neurótico traga apenas sofrimento e dificuldades para aqueles que dela padecem. Ele elucida que o que é vivido como sofrimento para uma instância psíquica — o consciente — nem por isso implica ausência de satisfação para outra instância — o inconsciente. Na verdade, ele já expusera essa lógica em suas discussões sobre as histéricas, como encontramos nos "Estudos sobre a histeria"[41]. Ali, ele se refere ao caso Elizabete von R., cujo sintoma neurótico consistia, dentre outros, em dor e paralisia em uma das pernas. Com a análise do caso, ele evidencia que, embora se queixasse de seu sofrimento, Elizabete também dava claros indícios de que encontrava satisfação em seu sintoma. É a partir de casos clínicos como esse que Freud demonstra que o sintoma é a satisfação sexual do neurótico. Trata-se de uma satisfação substitutiva que nem sempre é reconhecida como tal; mas, a partir da análise, fica difícil negar a satisfação que o sintoma veicula. Mas haverá alguma outra satisfação substitutiva possível no âmbito da civilização além do sintoma?

É no contexto dessas ideias que Freud se refere à sublimação. Ela aparece como uma alternativa à neurose — mais especificamente ao sintoma neurótico — e, ao mesmo tempo,

---

[40] *Ibid.*, p. 192.
[41] FREUD, S. *Edição standard brasileira das obras psicológicas completas de Sigmund Freud. Estudos sobre a histeria (1893-1895)*. Direção de tradução de Jayme Salomão. Rio de Janeiro: Imago, 1990, vol. II.

à satisfação direta da pulsão. A constância da pulsão sexual, uma vez tendo o homem superado a periodicidade cíclica existente na sexualidade dos demais animais, coloca uma grande quantidade de energia à sua disposição. Isso se deve principalmente a uma característica da pulsão retomada posteriormente no artigo de 1915, "Pulsões e destinos da pulsão"[42]: a pulsão tem a capacidade de deslocar seus objetivos sem restringir consideravelmente sua intensidade — é dotada de *flexibilidade*. A essa capacidade de trocar seu objetivo sexual original por outro, não mais sexual, mas psiquicamente relacionado com o primeiro, dá-se o nome de sublimação[43].

Esse mesmo traço de mobilidade da pulsão pode dar margem a uma fixação obstinada, como ocorre no sintoma neurótico, no qual a pulsão se fixou de forma renitente em determinado ponto da sexualidade. Vários fatores podem contribuir para o aumento ou a diminuição na possibilidade de sublimação de cada indivíduo. Ao mesmo tempo, há, em todos os casos, a necessidade de *alguma* quantidade de satisfação sexual direta, ou seja, ainda que a sublimação seja uma alternativa, nem tudo pode ser sublimado.

É o que Freud mostra com o célebre exemplo do cavalo de Schilda nas "Cinco lições de psicanálise"[44]. Tratava-se de

---

[42]FREUD, S. (1915) Pulsiones y destinos de pulsión. In: *Obras Completas*. 2ª ed. Buenos Aires: Amorrortu, 2004, vol. XIV, 2ª ed., p. 105-134.
[43]FREUD, S. (1908) Moral sexual "civilizada" e doença nervosa moderna. In: *Edição standard brasileira das obras psicológicas completas de Sigmund Freud. "Gradiva" de Jensen e outros trabalhos (1906-1908)*. Direção de tradução de Jayme Salomão. Rio de Janeiro: Imago, 1990i, vol. IX, p. 193.
[44]FREUD, S. (1909-1910) Cinco lições de psicanálise. In: *Edição standard brasileira das obras psicológicas completas de Sigmund Freud. Cinco lições de psicanálise, Leonardo da Vinci e outros trabalhos (1910)*. Direção de tradução de Jayme Salomão. Rio de Janeiro: Imago, 1990j, vol. XI, p. 13-51.

um cavalo, o único de determinada aldeia, que trabalhava muito. O problema era que ele também precisava comer muita aveia, e isso era custoso para os aldeões. Assim, eles decidiram reduzir gradualmente sua ração. Subtraíam a cada dia um grão da aveia do cavalo e continuaram exigindo dele a mesma quantidade de trabalho. Tudo andou bem com essa nova prática, até que, na véspera do dia em que o cavalo não ganharia nenhum grão de aveia, ele amanheceu morto. Trata-se de uma metáfora do principal limite da sublimação, ainda no registro da primeira teoria pulsional freudiana: para alguns indivíduos, a possibilidade de sublimação é insuficiente, e, de qualquer modo, é impossível sublimar *toda* a pulsão sexual, sob o risco de colapso. A satisfação pulsional direta é imprescindível.

Um ponto também importante resgatado por Freud já surgira anteriormente em "Três ensaios"[45]: a sexualidade humana não visa a reprodução, mas está a serviço do princípio de prazer[46] — mesmo que a cultura reprima uma parte dessa sexualidade, mais notadamente as chamadas pulsões perversas. De acordo com a concepção freudiana de 1905, as pulsões perversas são aquelas ligadas às satisfações chamadas parciais: orais, anais, fálicas etc. Tal parte acabaria sendo inibida e, eventualmente, sublimada, ou seja, parte da força que

---

[45]FREUD, S. (1905) Três ensaios sobre a teoria da sexualidade. In: *Edição standard brasileira das obras psicológicas completas de Sigmund Freud. Um caso de histeria, Três ensaios sobre a teoria da sexualidade e outros trabalhos (1901-1905)*. Direção de tradução de Jayme Salomão. Rio de Janeiro, Imago: 1990f, vol. VII, p. 118-228.
[46]FREUD, S. (1908) Moral sexual "civilizada" e doença nervosa moderna. In: *Edição standard brasileira das obras psicológicas completas de Sigmund Freud. "Gradiva" de Jensen e outros trabalhos (1906-1908)*. Direção de tradução de Jayme Salomão. Rio de Janeiro: Imago, 1990i, vol. IX, p. 194.

pode ser utilizada em atividades culturais seria obtida através da supressão dos elementos pervertidos da excitação sexual, que, como veremos, está ligada à passagem pelo complexo de Édipo. Cabe aqui um esclarecimento quanto ao termo "pulsões perversas".

Para começar, é importante lembrar que, quando nos referimos à sexualidade em psicanálise, estamos falando de uma acepção específica do termo. Não se trata da sexualidade *stricto sensu*, da relação sexual, mas de tudo aquilo que se refere à satisfação da pulsão. Em outras palavras, o sexual, para a psicanálise, é o pulsional, o que modifica e amplia a ideia de sexualidade vigente até então. A atividade de comer, por exemplo, passa a ser considerada em seu aspecto sexual, na medida em que se alimentar satisfaz não apenas a fome, mas também as pulsões — em termos de pulsões parciais ou perversas, aquilo que poderíamos chamar de pulsões orais. Essa é uma das razões que faz com que o homem se alimente de formas tão variadas: ele não come apenas para matar a fome, mas porque isso lhe proporciona satisfação pulsional — e, portanto, sexual; ou seja, é preciso admitir que a sexualidade humana é sempre perversa, dado que a pulsão é, a princípio, sempre parcial e sem objeto específico.

Em 1905, Freud formula o conceito psicanalítico de sexualidade infantil. Ele afirma que toda sexualidade do indivíduo é fundamentalmente infantil, mas também perversa e polimorfa. Diferentemente do que pode sugerir o termo, não se trata de uma extensão da sexualidade à infância. Trata-se, isso sim, do entendimento de que a sexualidade permanece remetida a aspectos infantis, mesmo que recalcados no inconsciente, e isso acontece também no adulto. Isso significa que a sexualidade infantil não se opõe a uma sexualidade "madura", mas é definidora, por excelência, da sexualidade humana como uma sexualidade que, sendo marcada pela pulsão em detrimento do instinto, é sempre parcial e incompleta[47]. Ela também é perversa e polimorfa. O que isso significa? A sexualidade infantil pré-edípica é múltipla e anterior ao estabelecimento de uma moral sexual, só estabelecida a partir do recalque. Dessa forma, antes da normatização da sexualidade imposta pelo complexo de Édipo, todas as formas de prazer são possíveis, não há uma norma, uma regra. Assim, quando se refere a uma sexualidade perversa, Freud está partindo da definição de perversão vigente no início do século XX e forjada por seus contemporâneos, a qual toma como perversão tudo aquilo que é exercício da sexualidade sem fins reprodutivos. Desse ponto de vista, até o beijo na boca seria tomado como perverso — já que não levará à reprodução. Notemos que se trata de uma ideia que toma como referência a sexualidade animal, calcada em um entendimento natural, biológico, ou seja, a sexualidade deveria servir para fins reprodutivos. É claro que Freud, com a descoberta do inconsciente, já havia percebido que essa referência deixava de fora algo essencial: a sexualidade humana como distinta da sexualidade dos outros animais. Embora não compartilhe necessariamente da concepção de sexualidade de seus contemporâneos, é dela que ele parte e é nesse sentido que se refere à sexualidade do homem como também perversa — ainda que muitos dos elementos perversos estejam recalcados e não sejam acessíveis à consciência.

---

[47]GARCIA-ROZA, L.F. *Introdução à metapsicologia freudiana*. Rio de Janeiro: Jorge Zahar Editor, vol. III, 6ª ed., 2004, p. 33.

A parcialidade e a incompletude que Garcia-Roza retoma, por sua vez, devem-se à contingencialidade do objeto de satisfação da pulsão sexual, desde que a sexualidade humana se descolou da autoconservação: não há um objeto que satisfaça completamente ao homem, mas, contingencialmente, uma infinidade de objetos pode trazer satisfação. Essa característica lança o homem em uma procura sem parada, já que nenhum objeto o completa, nenhum objeto satisfaz completamente a pulsão. Poderíamos dizer, eis a dimensão do desejo, que é o que move o homem a sempre se deslocar em direção a novos objetos.

O texto freudiano caminha de forma evidente na direção da pulsão, que se diferencia do que é puramente orgânico e instintivo. Entendida enquanto errante, sem objeto pré-determinado, a pulsão seria perversa — ou "aberrante" por definição[48], dada sua ligação com a linguagem. Se não há um objeto pré-fixado para a pulsão, que a satisfaria de modo completo, o objeto poderá ser *qualquer um*. Esse entendimento mostra a ousadia de Freud na concepção da sexualidade humana como sexualidade infantil perversa polimorfa. A noção de pulsão sexual subverte a ideia corrente de sexualidade e coloca em xeque sua origem no "instinto sexual", que costumamos situar nos outros animais. Daí decorre a dificuldade em decidir o que é normal e o que é desviante, já que não há um padrão fixo e hereditário da sexualidade[49], tal como encontramos de forma corriqueira no mundo animal. Assim, tanto a homossexualidade quanto a masturbação e outras atividades sexuais consideradas desviantes

---
[48] *Ibid.*, p. 30.
[49] *Ibid.*

e condenáveis pela moral não seriam de fato anormais do ponto de vista psicanalítico, levando em conta a contingência do objeto sexual e a sexualidade não natural do homem, movida pelo princípio de prazer e articulada à linguagem, ao invés de guiada pelo instinto.

É a partir daqui, também, que a noção de sublimação ganha força; *se qualquer objeto pode ser objeto da pulsão, eis aqui também os objetos sublimatórios*. É essa indeterminação do objeto sexual que evidencia a sublimação como uma forma possível de satisfação da pulsão. O problema é que a sublimação pode — e é muitas vezes — ser alçada ao estatuto de ideal. A própria vida em sociedade, que tantas renúncias pulsionais nos exige, acaba por erigir ideias de conduta e comportamento que colocam a sublimação como altamente desejável: desde cedo ensinamos às crianças que é melhor conversar do que brigar, que a competitividade pode ser direcionada para realizações como esporte, estudo e trabalho, ao invés de se entrar em uma briga pela força bruta. Todos esses "ideais da civilização" tornam a capacidade de sublimação imprescindível.

Por outro lado, "Todos aqueles que desejam ser mais nobres do que suas constituições lhes permitem são vitimados pela neurose"[50]. Segundo Freud, se pudessem abdicar de serem tão "bons" perante a cultura, se fossem menos exigentes consigo mesmos, talvez muitos não adoecessem ou não adoecessem tanto de suas neuroses. Daí depreendemos a influência negativa que os ideais podem exercer sobre a neurose: ao exigirem demais de si mesmos, movidos pelos ideais,

---

[50] FREUD, S. (1908) Moral sexual "civilizada" e doença nervosa moderna. In: *Edição standard brasileira das obras psicológicas completas de Sigmund Freud. "Gradiva" de Jensen e outros trabalhos (1906-1908)*. Direção de tradução de Jayme Salomão. Rio de Janeiro: Imago, 1990i, vol. IX, p. 197.

ao invés de incrementar sua capacidade de sublimação, os sujeitos estariam mais vulneráveis a adoecer pela neurose. Isso porque aos ideais — à sublimação exigida — não corresponde a capacidade sublimatória efetivamente possível, como vimos no exemplo do cavalo de Schilda.

Em suma, quanto maior for a repressão da pulsão sexual, maior será a incidência da neurose[51], uma vez que a neurose se configura como uma satisfação substitutiva da pulsão ali onde algo da sexualidade foi reprimido ou recalcado.

Aparentemente, Freud propõe que a liberdade sexual minoraria a neurose — aliás, todo o artigo de 1908 parece caminhar nesse sentido. No entanto, há que se ter cuidado com essa assertiva, pois ela discorda de pontos importantes levantados pelo próprio Freud, seja em "Moral sexual...", seja em outros artigos. Além disso, seria ingenuidade crer que maior liberdade sexual gere menos neurose. A liberdade sexual é maior em alguns grupos e sociedades do que em outros, mas não podemos afirmar que há menos neuróticos nas primeiras. E, de todo modo, a chamada Revolução Sexual tampouco resolveu a neurose e os problemas dela decorrentes.

Portanto, é necessário levar em conta o contexto do pensamento freudiano. Até porque essa postura calcada na modificação dos fatos da realidade como tentativa de evitar a neurose é abandonada por ele próprio quando também abandona a teoria do trauma, ocasião em que percebe que a causa da neurose se encontra *atrelada à fantasia, e não a acontecimentos reais*. Essa ideia será radicalizada a partir da segunda teoria pulsional, quando a pulsão de morte entra de forma definitiva no campo

---

[51]*Ibid.*, p. 198-199.

da psicanálise, instaurando o desamparo do indivíduo como constitutivo e, portanto, impossível de ser eliminado.

Embora seja possível utilizar o termo "mecanismo de defesa" para nos referirmos às utilizações defensivas dos diferentes destinos pulsionais[52], seria reducionista designar a sublimação como um "mecanismo de defesa", igualando-a a outras formas de defesa, muitas vezes mais simples e com consequências talvez mais previsíveis ou menos interessantes. Além disso, pensar a sublimação simplesmente como um mecanismo de defesa deixa de fora características específicas dos produtos da atividade sublimatória e seu estatuto de interesse social. A sublimação dá às pulsões um "outro destino", o que tem consequências tão abrangentes como a sustentação da cultura e dos laços de amizade e ternura.

Freud concebe que o indivíduo *se defende* das pulsões. Dessa forma, os destinos pulsionais seriam entendidos como defesas. O estatuto defensivo da sublimação — assim como dos outros destinos pulsionais — fica claro no seguinte trecho de "Pulsões e destinos da pulsão": "Tendo em mente a existência de forças motoras que impedem que uma pulsão seja levada até o fim de forma não modificada, também podemos considerar os destinos das pulsões como modalidades de *defesa* contra as pulsões"[53]. Freud utiliza o termo "mecanismo de defesa" para designar coisas diferentes: as defesas características de

---

[52]LAPLANCHE, J. e PONTALIS, J.B. *Vocabulário da psicanálise*. São Paulo: Editora Martins Fontes, 8ª ed., 1989, p. 358.
[53]FREUD, S. (1915) Os instintos e suas vicissitudes. In: *Edição standard brasileira das obras psicológicas completas de Sigmund Freud. A história do movimento psicanalítico, artigos sobre metapsicologia e outros trabalhos (1914-1916)*. Direção de tradução de Jayme Salomão. Rio de Janeiro: Imago, 1990o, vol. XIV, p. 152 (grifo do autor).

determinadas neuroses e a utilização defensiva dos destinos pulsionais. Caso não houvesse tais utilizações defensivas, o destino da pulsão só poderia ser sempre a satisfação direta. Na cultura, a sublimação é um destino pulsional que auxilia o homem a se proteger do sofrimento causado pelo excesso pulsional e pela impossibilidade de descarga direta de todo esse excesso. É um destino possível para *uma parte* desse excesso que acomete o homem, um destino socialmente valorizado, diferente do que ocorre com outros mecanismos de defesa. Assim, levando em conta a característica de possibilitar a satisfação — mesmo que não seja direta —, parece-nos possível um entendimento de que a sublimação seja um mecanismo de defesa contra as pulsões, sem desprezar, contudo, toda a complexidade desse que é também um destino pulsional peculiar, fundamento da cultura e base das criações subjetivas e culturais do homem.

Dessexualização do sexual?

É importante destacar que dessexualização não é sinônimo de sublimação. Embora a dessexualização seja enunciada por Freud como *parte* desse processo, na sublimação, trata-se de algo mais amplo do que apenas a dessexualização, conquanto o próprio Freud as aproxime, como encontramos por exemplo em "O ego e o id"[54], quando diz que, no processo

---

[54] FREUD, S. (1923) O ego e o id. In: *Edição standard brasileira das obras psicológicas completas de Sigmund Freud. O ego e o id e outros trabalhos (1923-1925)*. Direção de tradução de Jayme Salomão. Rio de Janeiro: Imago, 1990, vol. XIX, p. 15-80.

de transformação da libido de objeto em libido narcísica, está em jogo uma dessexualização — "uma espécie de sublimação, portanto"[55].

O que é e como se dá exatamente o processo de dessexualização e quais suas consequências para a sublimação? Como falar em *dessexualização da pulsão sexual*? O que resta após a dessexualização que nos permite continuar caracterizando-a como "pulsão sexual"? Se a meta da pulsão é dessexualizada, que parentesco ainda guardará — se é que guarda — com o que é da ordem do sexual? Ou, como questiona França Neto, "...como é que uma pulsão sexual (já que é dela que se trata na sublimação) pode se satisfazer estando dessexualizada?"[56] E, por último, se a meta da pulsão é dessexualizada, o que ocorrerá com os objetos da pulsão? Comecemos pela última pergunta.

Tanto Castiel[57] quanto Kupermann[58] e Birman[59] entendem que a mudança de objeto como processo implicado na sublimação aparece, de modo mais explícito do que aparecera até então, na "Conferência XXXII: angústia e vida pulsional"[60], de 1932. Kupermann, inclusive, pondera que a noção de sublimação nesse artigo está perpassada pelo conceito de pulsão de

---

[55]*Ibid.*, p. 44.
[56]FRANÇA NETO, O. *Freud e a sublimação*. Editora UFMG: Belo Horizonte, 2007, p. 28.
[57]CASTIEL, S.V. *Sublimação: clínica e metapsicologia*. São Paulo: Escuta, 2007, p. 108-109.
[58]KUPERMANN, D. *Ousar rir: humor, criação e psicanálise*. Rio de Janeiro: Civilização Brasileira, 2003, p. 116-117.
[59]BIRMAN, J. *Mal-estar na atualidade: a psicanálise e as novas formas de subjetivação*. Rio de Janeiro: Civilização Brasileira, 1999, p. 131.
[60]FREUD, S. (1932) Conferência XXXII: ansiedade e vida instintual. In: *Edição standard brasileira das obras psicológicas completas de Sigmund Freud. Novas conferências introdutórias sobre psicanálise e outros trabalhos (1932-1936)*. Direção de tradução de Jayme Salomão. Rio de Janeiro: Imago, 1990, vol. XXII, p. 85-112.

morte, que se encontraria "totalmente assimilado à metapsicologia freudiana". Nesse sentido, se é fato que a pulsão de morte se encontrava já incorporada à metapsicologia freudiana, por outro lado, o entendimento das consequências disjuntivas da pulsão de morte no artigo de 1932, no contexto da sublimação, precisa ser deduzido, já que o próprio Freud não propõe explicitamente nenhuma articulação entre sublimação e pulsão de morte naquele artigo, mas apenas em outros (como "O ego e o id"[61], por exemplo).

Os três autores entendem que a "Conferência XXXII" marca a mudança de entendimento da sublimação como dessexualização para uma ênfase na mudança de *objeto* — o que daria margem para o entendimento da sublimação como possibilidade de se obter, a partir de novos objetos, novas formas de satisfação, e não mais apenas como restrição da pulsão sexual, modo como se entendia a sublimação no primeiro dualismo pulsional.

No entanto, se é possível entendermos uma ênfase na mudança de objeto no texto de 1932, verificamos que *a mudança de objeto está presente como parte do processo sublimatório desde muito antes*. Assim, parece-nos útil empreender uma pequena digressão em torno das definições de sublimação encontradas em textos anteriores.

Em "Sobre o narcisismo"[62], de 1914, Freud se ocupa com diferenciar idealização e sublimação. Enquanto a primeira

---
[61]FREUD, S. (1923) O ego e o id. In: *Edição standard brasileira das obras psicológicas completas de Sigmund Freud. O ego e o id e outros trabalhos (1923-1925)*. Direção de tradução de Jayme Salomão. Rio de Janeiro: Imago, 1990, vol. XIX, p. 15-80.
[62]FREUD, S. (1914) Sobre o narcisismo: uma introdução. In: *Edição standard brasileira das obras psicológicas completas de Sigmund Freud. A história do movimento*

estaria ligada aos *objetos*, a segunda teria relação mais direta com a *libido*. Assim, na idealização, os objetos poderiam ser engrandecidos tanto às expensas da libido do eu como da libido de objeto, enquanto, na sublimação, o processo sempre se daria com o uso da libido de objeto[63]. A idealização seria um processo primordialmente ligado à mudança do investimento no objeto, enquanto a sublimação estaria relacionada à pulsão. Cabe sublinhar essa diferença entre sublimação e idealização também na medida em que, conforme o próprio Freud aponta, a idealização pode promover recalque, ao passo que a sublimação seria justamente uma alternativa a ele. Isso porque a idealização pode exigir um nível de renúncia pulsional inatingível para o sujeito; frente à impossibilidade de atingir a satisfação através do ideal, o recalque se apresentaria como alternativa.

A inclusão da importância do objeto na sublimação somente surge em "Pulsão e destinos da pulsão", artigo escrito em 1915.

> [as pulsões sexuais] Distinguem-se por possuírem em ampla medida a capacidade de agir vicariamente umas pelas outras, *e por serem capazes de mudar prontamente de objetos*.

---

psicanalítico, artigos sobre metapsicologia e outros trabalhos (1914-1916). Direção de tradução de Jayme Salomão. Rio de Janeiro: Imago, 1990n, vol. xiv, p. 89-119.

[63]Posteriormente, Freud dirá que, para que ocorra a sublimação, é necessário transformar a libido objetal em libido narcísica. É apenas a partir da passagem da libido pelo eu que é possível sublimá-la. Para que ocorra a sublimação, é necessário primeiro que a libido que estava investida em objetos retorne para o eu. Ou seja, que a libido objetal reflua para o eu e assuma a forma de libido narcísica ou libido do eu. É apenas em um segundo momento que esta libido que foi retirada dos objetos será reinvestida em um objeto não sexual — que deverá ser um objeto socialmente valorizado para que possamos falar em sublimação.

Em consequência dessas últimas propriedades são capazes de funções que se acham muito distantes de suas ações intencionais originais — isto é, são capazes de "sublimação".[64]

Se a pulsão é correlata ao sexual para a psicanálise, como é possível dessexualizar a pulsão? Isso seria o mesmo que dizer que é possível dessexualizar o sexual. A solução encontrada por Garcia-Roza[65] para esse problema leva em conta o sentido de sublimação que aparece em "Pulsões e destinos da pulsão"[66]. Aqui, a sublimação implicará não apenas mudança de *meta*, mas também mudança do *objeto* da pulsão[67]. Esse autor retira a ênfase da dessexualização *da pulsão* e a faz recair sobre a dessexualização *do objeto* da pulsão, que agora seria um objeto distante do sexual. Assim, a pulsão não perderia seu caráter sexual. A questão agora é como um *objeto* não sexual poderia satisfazer uma pulsão sexual... como veremos à frente, é Lacan quem soluciona esse impasse.

Em termos de teoria freudiana, podemos nos remeter à plasticidade das pulsões sexuais, que podem investir em objetos distantes de suas intenções sexuais originais — inclusive objetos não sexuais — e chegamos à sublimação, na qual

---

[64]FREUD, S. (1915) Os instintos e suas vicissitudes. In: *Edição standard brasileira das obras psicológicas completas de Sigmund Freud. A história do movimento psicanalítico, artigos sobre metapsicologia e outros trabalhos (1914-1916)*. Direção de tradução de Jayme Salomão. Rio de Janeiro: Imago, 1990o, vol. XIV, p. 121.
[65]GARCIA-ROZA, L.F. *Introdução à metapsicologia freudiana*. Rio de Janeiro: Jorge Zahar Editor, vol. III, 6ª ed., 2004.
[66]Diferente do que encontramos em "Moral sexual...", artigo no qual a sublimação consiste apenas em uma mudança da *meta* da pulsão.
[67]Conforme já dissemos, CASTIEL (2007) e KUPERMANN (2003) entendem que a mudança de objeto da pulsão é introduzida por Freud apenas em 1932. No entanto, nossos achados mostram que a mudança de objeto é introduzida em 1915, no artigo "Pulsões e destinos da pulsão".

acontece justamente isso: *um objeto não sexual satisfaz uma pulsão sexual*, segundo Garcia-Roza.

De forma geral, dizemos que a meta da pulsão é sempre a satisfação. Mas se há uma satisfação não direta da pulsão, podemos falar em mudança da meta, ou seja, mudança no modo como a descarga pulsional vai ocorrer. A meta que antes era a satisfação direta agora é a satisfação via sublimação, ou seja, há um "desvio" da pulsão para que se obtenha a satisfação. O que fica em evidência aqui é a característica de "elevação" da sublimação, no sentido de um refinamento que dilui o que é da ordem do mais diretamente sexual, sem excluir a satisfação sexual, que é assim atingida de forma *indireta*. Na sublimação, ocorreria, portanto, a dessexualização tanto da *meta* quanto, a partir de "Pulsões..."[68], também do *objeto*, não se tratando, contudo, da dessexualização *da pulsão*.

Se temos aqui uma resolução teórica aparentemente convincente do problema da dessexualização na sublimação, do ponto de vista da interface da psicanálise com a arte através do conceito de sublimação surgem alguns problemas. Por exemplo, o que pensar do famoso quadro de Coubert *A origem do mundo*, pintado em 1866? Esse quadro retrata o corpo de uma mulher deitada e nua, com as pernas abertas, revelando seu órgão genital. Inicialmente, o quadro foi pintado sob encomenda para um colecionador de imagens eróticas. No entanto, está hoje no Museu D'Orsay, em Paris. Por que um nu erótico se encontra nas paredes de um dos mais famosos museus da França? Talvez não seja possível

---

[68]FREUD, S. (1915) Os instintos e suas vicissitudes. In: *Edição standard brasileira das obras psicológicas completas de Sigmund Freud. A história do movimento psicanalítico, artigos sobre metapsicologia e outros trabalhos (1914-1916)*. Direção de tradução de Jayme Salomão. Rio de Janeiro: Imago, 1990o, vol. XIV.

entender sem levar em conta a sublimação e sua característica de valor social: "Ela evoca, sim, a 'origem do mundo', o mistério da vida, o enigma da diferença sexual cujo impacto determinante ocorrido na infância continuará para sempre repercutindo em nossas existências"[69]. Podemos negar o sexual presente em um quadro que retrata de forma realista o nu feminino e, mais que isso, coloca em destaque uma representação realista do órgão sexual do feminino? Parece que Lacan avança nesse debate que envolve arte e sublimação quando diz, por exemplo: "O jogo sexual mais cru pode ser objeto de uma poesia sem que se perca, no entanto, uma visada sublimadora"[70]. Ao dizer isso, Lacan explicita que a ênfase da sublimação não está exatamente na natureza do objeto, mas no tratamento dispensado a ele. Nesse caso, para o autor, a dessexualização perde peso. Retomarei alguns dos desenvolvimentos de Lacan acerca da sublimação em breve, mas já adianto um pouco da resposta lacaniana para o paradoxo da dessexualização.

O objeto socialmente valorizado

Vamos nos deter por alguns momentos nesse que é o último ponto incluído por Freud em sua definição de sublimação.

---

[69]TELLES, S. *Psicanálise em debate: A origem do mundo.* Disponível em: *https://www.polbr.med.br/ano13/psi0313.php* , 2013.
[70]LACAN, J. (1959-1960) *O seminário, livro 7: a ética da psicanálise.* Tradução de Antonio Quinet. Rio de Janeiro: Jorge Zahar Editor, 2008, p. 198, aula de 9 de março de 1960.

O que exatamente significa um "objeto socialmente valorizado"? Qual a importância da valorização social na definição da sublimação?

Freud enfatiza com essa característica a importância do enlaçamento social que ela produziria. No entanto, quando se refere à importância de que haja um reconhecimento social, é preciso ler Freud com cuidado. É fácil entender a sublimação como uma capacidade de adaptação do homem à cultura e à sociedade, na medida em que produziria objetos que se encaixariam em certo crivo social. Se a sublimação envolve a mudança de meta e objeto sexuais para outros não sexuais, poderíamos incluir no escopo da sublimação uma infinidade de ocorrências muito variadas e diferentes entre si. Seria possível dizer que um alcoolista que para de beber e se torna um devoto evangélico estaria sublimando seu impulso para a bebida e transformando-o em realização dentro de certa sociabilidade. No entanto, não se pode negar que há nessa asserção um peso moral determinando que a sociabilidade de uma igreja é melhor que a de um bar[71]. Temos, portanto, um problema ético no que tange à leitura que fazemos sobre o que é a sublimação e quais de seus aspectos são mais ou menos relevantes. A relação entre ética e moral e a importância da ética para a psicanálise são os temas abordados por Lacan no mesmo seminário em que discute a sublimação. Veremos que essa ideia ganha escopo teórico e principalmente clínico muito mais interessante quando se retira dela o peso do julgamento moral que, desde a formulação da valorização social como seu elemento constitutivo, paira sobre a sublimação.

---

[71] Ver o capítulo "O mal-estar na civilização" deste livro.

É nesse sentido que a sublimação, embora seja um conceito frutífero para se pensar as produções artísticas, culturais e intelectuais, também pode ser utilizada para justificar atitudes e medidas adaptativas que deixam de fora justamente a maior descoberta freudiana: o inconsciente. Nesse caso, estaríamos fazendo da sublimação um juízo de valor, o que nos distanciaria da radicalidade do pensamento freudiano. O sujeito do inconsciente é sempre desadaptado, porque a sexualidade infantil perversa polimorfa sempre o é também. Se não pudermos articular a sublimação à direção do pensamento freudiano, facilmente deturparemos o conceito. Freud escreve muitas coisas e se contradiz muitas vezes; ler Freud significa interpretar seu texto.

Dessa forma, a valorização social precisa ser compreendida como produtora de laço. Por outro lado, essa especificação talvez não seja o suficiente para garantir que não caiamos na armadilha de aproximar a sublimação da moral e do moralismo. Lacan fará, posteriormente, uma contribuição fundamental ao especificar a importância da *criação de valor social* na sublimação. Não se trata de adaptação, mas de criação. Abordarei novamente esse ponto mais à frente.

Sublimação: neurose, pesquisa e criação artística

A pulsão de saber é despertada muito precocemente, e o que a traz à tona é a ameaça da perda do amor dos pais pela iminente chegada ou pela ameaça de chegada de um novo bebê, propondo para a criança o enigma: de onde vêm os bebês? Descobrir a resposta a essa pergunta seria uma forma de evitar que outros mais viessem; ao mesmo tempo, ela remete à questão da própria origem. Por uma via ou por outra, o que está no centro da curiosidade infantil é a sexualidade. Seria a partir dessa pergunta, precocemente formulada pela criança, que derivaria o interesse científico e de pesquisa, ligados à pulsão de saber, como ensina Freud em "Três ensaios sobre a teoria da sexualidade"[72]. Em suma, podemos dizer que a curiosidade intelectual seria um derivado das pesquisas sexuais infantis. Freud diz sobre a pulsão de saber: "Sua atividade corresponde, de um lado, a uma forma sublimada de dominação e, de outro, trabalha com a energia escopofílica"[73]. Ou seja, o interesse pelo sexual derivado em curiosidade intelectual incluiria o processo de sublimação.

Reportemo-nos ao artigo sobre Leonardo da Vinci, de 1910, para elucidar melhor o destino das pulsões perversas da sexualidade infantil rumo à investigação científica.

Retomando o percurso do desenvolvimento da sexualidade, encontramos que, ao final do período das pesquisas sexuais infantis, o impulso de pesquisa terá três possíveis destinos, decorrentes da relação primária com os interesses sexuais. No primeiro caso, a curiosidade intelectual acaba por ser recalcada juntamente com os representantes dos impulsos sexuais, resultando numa *inibição neurótica*.

No segundo caso, o desenvolvimento intelectual consegue resistir ao recalque sexual, e as pesquisas sexuais que foram

---

[72]FREUD, S. (1905) Três ensaios sobre a teoria da sexualidade. In: *Edição standard brasileira das obras psicológicas completas de Sigmund Freud. Um caso de histeria, Três ensaios sobre a teoria da sexualidade e outros trabalhos (1901-1905).* Direção de tradução de Jayme Salomão. Rio de Janeiro, Imago: 1990f, vol. VII, p. 182.
[73]*Ibid.*

suprimidas ressurgem, vindas do inconsciente, sob a forma de uma *pesquisa compulsiva*, trazendo características sexualizadas ao próprio pensamento e podendo chegar a substituir completamente a atividade sexual. Como no caso das pesquisas sexuais infantis, a curiosidade não cessa e a solução da pesquisa nunca é alcançada.

No terceiro caso, que, segundo Freud, seria mais raro e mais bem-sucedido do que os outros, o indivíduo escaparia tanto à inibição do pensamento quanto ao pensamento neurótico compulsivo. Também haveria recalque, mas ele não chegaria a relegar para o inconsciente os componentes do desejo sexual. "Em vez disso, a libido escapa ao destino do recalque, sendo sublimada desde o começo em curiosidade e ligando-se à poderosa pulsão de pesquisa como forma de se fortalecer"[74]. A sublimação, portanto, se apresentaria em oposição ao recalque, ou seja, ela se configuraria em um outro modo de lidar com a sexualidade — e portanto com a pulsão: ao invés da inibição neurótica e da pesquisa compulsiva, que seriam consequência do recalque, a sublimação, articulada à curiosidade, implica menor incidência do recalque e, portanto, maior liberdade de pensamento. Por sua oposição à neurose, seria a sublimação um objetivo a ser atingido na análise? Nesse caso, haveria oposição entre sintoma neurótico e sublimação?

Em certos momentos, Freud contrapõe sintoma e sublimação. Em "O homem dos ratos"[75], encontramos a ideia de

---

[74]FREUD, S. (1910) Leonardo da Vinci e uma lembrança da sua infância. In: *Edição standard brasileira das obras psicológicas completas de Sigmund Freud. Cinco lições de psicanálise, Leonardo da Vinci e outros trabalhos (1910)*. Direção de tradução de Jayme Salomão. Rio de Janeiro: Imago, vol. XI, p. 74.
[75]FREUD, S. (1909) O homem dos ratos. In: *Edição standard brasileira das obras psicológicas completas de Sigmund Freud. Duas histórias clínicas (o "Pequeno Hans" e o*

que a sublimação se oporia ao sintoma, da mesma forma que já aparecera em "Fantasias histéricas e sua relação com a bissexualidade"[76], texto de 1908. Do mesmo modo, em "Cinco lições"[77], encontramos uma clara oposição entre ambas.

Na "Segunda lição", Freud escreve que, por se apresentar como alternativa à neurose — ao sintoma neurótico –, a sublimação deveria ser o ponto culminante da cura psicanalítica. A sublimação seria um destino possível para um desejo que foi desviado do alvo sexual direto intolerável, teoricamente poupando o indivíduo do retorno de um recalque malsucedido (o sintoma). Alguns autores desenvolvem essa linha do pensamento freudiano, em que a sublimação estaria estreitamente relacionada à análise e inclusive ao seu término[78], mas isso implica um percurso teórico que passa pelo ensino do psicanalista Jacques Lacan.

Na "Quinta lição", sintoma e sublimação se opõem novamente. O recalque privaria o indivíduo de fontes importantes de energia para realizações variadas. Mas, uma vez desfeito o recalque, o caminho para a sublimação estaria novamente livre. A sublimação não suprimiria os desejos infantis, diferente do que ocorreria no recalque. Ela apenas desvia a libido

---

"Homem dos ratos") (1909). Direção de tradução de Jayme Salomão. Rio de Janeiro: Imago, 1990j, vol. x, p. 137-273.
[76]FREUD, S. (1908) Fantasias histéricas e sua relação com a bissexualidade. In: *Edição standard brasileira das obras psicológicas completas de Sigmund Freud*. Rio de Janeiro: Imago, 1990i, vol. IX, p. 145-154.
[77]FREUD, S. (1909-1910) Cinco lições de psicanálise. In: *Edição standard brasileira das obras psicológicas completas de Sigmund Freud. Cinco lições de psicanálise, Leonardo da Vinci e outros trabalhos (1910)*. Direção de tradução de Jayme Salomão. Rio de Janeiro: Imago, 1990j, vol. XI, p. 13-51.
[78]Cf. HORNSTEIN, L. *Cura psicanalítica e sublimação*. Porto Alegre: Editora Artes Médicas, 1990; e POMMIER, G. Fim de análise e sublimação. In: *O desenlace de uma análise*. Rio de Janeiro: Jorge Zahar Editor, 1990.

para interesses diferentes: a energia inutilizada devido ao recalque fica disponível para o indivíduo pela via da sublimação e pode ser usada para interesses ditos não sexuais. Freud entende a sublimação como uma saída para o conflito psíquico diferente do recalque, uma vez que este levaria o sujeito inevitavelmente ao sintoma e à neurose. As outras saídas, ao lado da sublimação, seriam o juízo de condenação e a satisfação, ainda que parcial, do desejo inicialmente incompatível[79]. No primeiro caso, a partir do trabalho analítico, ao invés do recalque, o indivíduo entraria em contato com o desejo incompatível com seus valores éticos e morais e o condenaria, abdicando da satisfação desse desejo através da elaboração. A pergunta que fica é: como se daria a satisfação da pulsão nesse caso?

Na satisfação do desejo, o esclarecimento da análise abriria a possibilidade de desprendimento das exigências sociais e, portanto, da realização do desejo inicialmente intolerável. Na verdade, a sublimação poderia estar articulada ao juízo de condenação. Por exemplo, lembremos do famoso caso clínico de Freud, Elizabete von R. Na análise, a moça descobre que havia se enamorado pelo cunhado pouco antes da morte de sua irmã. Uma vez que esse sentimento e as ideias que o acompanhavam lhe eram intoleráveis, foram recalcados. Esse é um dos episódios que contribuem para a formação do seu sintoma, a dor e a paralisia em uma das pernas. A partir da análise, na medida em que tomasse conhecimento do conteúdo recalcado relativo ao afeto pelo cunhado, abrir-se-ia a

---

[79]FREUD, S. (1909-1910) Cinco lições de psicanálise. In: *Edição standard brasileira das obras psicológicas completas de Sigmund Freud. Cinco lições de psicanálise, Leonardo da Vinci e outros trabalhos (1910)*. Direção de tradução de Jayme Salomão. Rio de Janeiro: Imago, 1990j, vol. XI, p. 13-51.

possibilidade de um novo destino para a pulsão antes investida ali. Ela poderia ser sublimada em interesses ligados a um trabalho intelectual ou artístico, por exemplo. Uma vez condenado o desejo sexual insuportável, a pulsão atrelada a esse desejo poderia servir à sublimação. Importante lembrar que a sublimação não é uma decisão deliberada, mas uma ocorrência que depende de muitos fatores, assim como o recalque. Aqui, utilizamos o exemplo de uma forma esquemática para esclarecer especificamente o ponto da alternativa entre sintoma neurótico e sublimação.

No entanto, em outros momentos de sua obra, Freud mostra uma proximidade entre sintoma neurótico e sublimação. A partir do que diz no artigo sobre da Vinci[80], vemos que não é tão nítida a diferença entre a pesquisa compulsiva do neurótico e a sublimação, tomada como processo de pesquisa ou produção artística/cultural.

Laplanche[81] aponta que o evitamento do objeto sexual não ficaria muito nítido em Leonardo, por exemplo, ao levarmos em conta seus desenhos da anatomia humana, que indicam um claro interesse sobre a anatomia também da relação sexual. Poderíamos nos perguntar se a temática da anatomia do corpo e da relação sexual por si mesmas definiriam os desenhos de Leonardo como objetos sexuais. Ora, é importante notar que os desenhos de Leonardo, mesmo que abordem temas diretamente sexuais, realizam um tratamento que

---

[80]FREUD, S. (1910) Leonardo da Vinci e uma lembrança da sua infância. In: *Edição standard brasileira das obras psicológicas completas de Sigmund Freud. Cinco lições de psicanálise, Leonardo da Vinci e outros trabalhos (1910).* Direção de tradução de Jayme Salomão. Rio de Janeiro: Imago, vol. XI, p. 55-124.
[81]LAPLANCHE, J. *Problemáticas III — A sublimação.* São Paulo: Martins Fontes, 1989.

poderia ser chamado de não sexual de tais temas, no sentido de que não haveria uma satisfação sexual direta pela via de seus desenhos — afinal, são desenhos, e não atos sexuais. Encontramos uma situação análoga à do quadro de Coubert: Leonardo depura, transforma o objeto sexual em objeto de investigação científica, fazendo com que esse tipo de objeto aparentemente sexual seja na realidade um objeto socialmente valorizado — ou seja, ele *transforma* o objeto em um objeto não sexual, condição da sublimação. Embora Freud se refira à *mudança* de objeto, não será possível apenas transformar um objeto sexual em objeto não sexual sem trocá-lo obrigatoriamente por outro, à maneira de Leonardo? Nesse caso, o que definiria um objeto ser ou não sexual seria a relação que o indivíduo estabelece com ele. A contribuição lacaniana ao estudo da sublimação aponta para esse rumo, o que é coerente com a contingencialidade do objeto: se não há objeto natural para o homem, não há objeto sexual pré-determinado. Assim sendo, qualquer objeto pode ser um objeto sexual ou um objeto dessexualizado, dependendo do tratamento que lhe for dispensado.

Como já comentamos, em "Três ensaios", Freud situa o surgimento da sublimação como contemporânea ao período de latência. Uma parte da atividade sexual infantil seria desviada para a atividade intelectual. O principal interesse nessa época é saber de onde vêm os bebês, interesse que pode se desdobrar em curiosidade intelectual de uma forma mais ampla — a *pulsão de saber*[82] —, desde que o recalque necessário para a

---

[82]FREUD, S. (1905) Três ensaios sobre a teoria da sexualidade. In: *Edição standard brasileira das obras psicológicas completas de Sigmund Freud. Um caso de histeria, Três ensaios sobre a teoria da sexualidade e outros trabalhos (1901-1905)*.

saída do Édipo não cause inibição intelectual. Aqui estaria a fonte das atividades artísticas e, dependendo de quão completa ou não seja a sublimação, somar-se-ia a ela uma mistura de eficiência, perversão e neurose[83]. Ou seja, segundo Freud, a sublimação poderia aparecer na criação de forma mais "pura" ou mesclada em diferentes medidas à perversão e à neurose.

Freud admite que a sublimação não substitui manifestações sintomáticas, mas se combina com elas em diferentes proporções, nos diversos indivíduos. Assim, um sujeito neurótico poderia estar apto para atividades sublimatórias, como a pesquisa científica ou a escrita literária, por exemplo. A questão seria decidir até que ponto o recalque reduziria a capacidade sublimatória de alguém e se essas atividades seriam de fato sublimatórias ou apenas manifestações sintomáticas e compulsivas.

Se a atividade intelectual parece ter um lugar estável na sublimação, o mesmo não acontece com a atividade artística[84]. Ora a encontramos na obra freudiana como um reduto do processo primário, próxima ao sintoma, ora como atividade ligada à sublimação, sem que Freud pareça chegar a uma conclusão sobre o estatuto das artes[85]. Por exemplo, em "Moral sexual...", encontramos que "É difícil conceber um

---

Direção de tradução de Jayme Salomão. Rio de Janeiro, Imago: 1990f, vol. VII, p. 182.
[83] *Ibid.*, p. 224.
[84] Em geral, entendemos a atividade artística como a escrita literária e poética, já que Freud não faz uma diferenciação entre artes plásticas e as diferentes modalidades de escrita. Nesse sentido, adotamos a postura de generalizar a expressão "atividade artística".
[85] SAER, J. J. Freud ou a glorificação do poeta. Jornal Folha de São Paulo, 15 de fevereiro de 2004. Disponível em *https://www1.folha.uol.com.br/fsp/mais/fs1502200406.htm*. Acessado em 26 de janeiro de 2021.

artista abstinente, mas certamente não é nenhuma raridade um jovem *savant* abstinente"[86]. As experiências sexuais, inclusive, estimulariam as realizações artísticas. Afirmações desse tipo dão margem para o entendimento de que as atividades artísticas não envolveriam necessariamente a sublimação. Por outro lado, as atividades de investigação deveriam necessariamente incluir a sublimação.

Mais uma vez, encontramos em "Escritores criativos e devaneios"[87], texto publicado dois anos antes do texto sobre Leonardo, a atividade da criação literária comparada ao brincar ou aos jogos das crianças. O brincar infantil seria substituído, na vida adulta, pelo fantasiar ou devanear[88]. Estamos no campo da realização do desejo infantil — já que Freud, nesse artigo, também compara o fantasiar ao sonho[89].

Desse modo, o estatuto sublimatório da criação literária fica interrogado, uma vez que ela estaria bastante próxima da expressão direta de desejos infantis. Há um aspecto narcísico digno de nota no tipo de romance ao qual Freud se refere, em que o protagonista é um herói: esse é na realidade um *alter ego* do escritor, ou seja, extensão de seu próprio narcisismo. Freud termina por dizer que, mesmo quando parece muito distante dessa espécie de romance, pautado por um devaneio ingênuo,

---

[86]FREUD, S. (1908) Moral sexual "civilizada" e doença nervosa moderna. In: *Edição standard brasileira das obras psicológicas completas de Sigmund Freud. "Gradiva" de Jensen e outros trabalhos (1906-1908)*. Direção de tradução de Jayme Salomão. Rio de Janeiro: Imago, 1990i, vol. IX, p. 201(grifo do autor).
[87]FREUD, S. (1907-1908) Escritores criativos e devaneios. In: *Edição standard brasileira das obras psicológicas completas de Sigmund Freud. "Gradiva" de Jensen e outros trabalhos (1906-1908)*. Direção de tradução de Jayme Salomão. Rio de Janeiro: Imago, 1990h, vol. IX, p. 131-143.
[88]*Ibid.*, p. 151
[89]*Ibid.*, p. 154.

há uma ligação narcísica do escritor com seu romance. Ao fim e ao cabo, o material usado pelos escritores não pode deixar de ter uma ligação com as lembranças infantis — e aqui novamente Freud aproxima a produção dos escritores ao brincar infantil, um brincar com as próprias lembranças. Por outro lado, ele também diz que o escritor foi capaz de dar às suas fantasias uma forma atraente, o que é diferente de alguém que simplesmente conta seus devaneios sem nenhuma elaboração ou transformação do material: "O escritor suaviza o caráter de seus devaneios egoístas por meio de alterações e disfarces, e nos suborna com o prazer puramente formal, isto é, estético, que nos oferece na apresentação de sua fantasia"[90]. Não seria esse o trabalho da sublimação na escrita literária? Se tomarmos a referência do tratamento dispensado a um determinado objeto para determinar seu cunho sexual ou não sexual, talvez tenhamos que admitir que é isso que está em jogo na escrita literária.

Logo no início do artigo, Freud se refere ao fato de que, no que tange à arte, coisas que fossem reais não causariam prazer algum, sendo que jogos de fantasia podem proporcioná-lo: "muitos excitamentos que em si são realmente penosos podem tornar-se uma fonte de prazer para os ouvintes e espectadores na representação da obra de um escritor"[91].

É na possibilidade de proporcionar ao leitor esse deleite que o escritor se diferenciaria do neurótico, que adoece devido a um excesso da atividade de fantasia, e do indivíduo "normal", que tem vergonha de expor suas fantasias, por serem *infantis* e *proibidas*[92]. Daí concluímos que, se fossem

---

[90]*Ibid.*, p. 158.
[91]*Ibid.*, p. 150.
[92]*Ibid.*, p. 151.

expostos de forma crua, tais devaneios provavelmente causariam repulsa ou indiferença. Embora Freud não o diga explicitamente e se refira textualmente às "barreiras que separam cada eu dos demais" como motivador da repulsa e indiferença, podemos supor que tal repulsa se deve à proximidade com o recalque — característica da fantasia, apesar da distorção a que o conteúdo do recalque foi submetido até se tornar a fantasia expressa. Aquele que lê um texto, supondo que fosse possível apenas transcrever a fantasia, identificando-a com a sua própria, acabaria por rejeitá-la também no texto do escritor, ou então talvez não lhe desse valor algum, devido ao seu caráter "ordinário".

Assim, o escritor precisaria ser capaz de modificar a "crueza" da sua própria fantasia, de modo que o leitor superasse os sentimentos de repulsa. Freud identifica duas técnicas dos escritores nesse sentido: suavizar, disfarçar as autorreferências do autor e seduzir o leitor com o oferecimento do prazer puramente formal ou estético que a apresentação assim realizada de suas fantasias pode proporcionar. A habilidade para utilizar a linguagem, as imagens construídas com maestria, a fluidez da narrativa, as tramas que surpreendem o leitor, as personagens bem construídas, tudo isso seria tradução de subterfúgios sedutores que garantiriam o necessário disfarce da fantasia do autor, subjacente a todo o texto.

Freud nos indica como o material utilizado pelo escritor é oriundo do que é da ordem do *infantil* e do *proibido*, ou seja, daquilo que se configura como causa da neurose, quando a falha do recalque está em ação. Mas também aponta para a necessidade de *transformar* tal material a fim de que ele origine um escrito literário: aqui podemos situar a produção sublimada, resultado de uma elevação do infantil recalcado, enobrecida em relação àquele e, portanto, diferenciada do sintoma.

Temos agora maior clareza quanto ao que colocaria a produção literária (talvez as atividades criativas em geral) mais próxima do processo primário, se comparada à pesquisa científica, e o que, de modo diverso, a conectaria com a sublimação: para que seja considerada atividade sublimatória, o escrito precisa cumprir certos requisitos, precisa acontecer um trabalho em torno da pura fantasia que a transforme, de modo que seu aspecto narcísico seja modificado. Ademais, o trabalho da escrita precisa fornecer ao texto um formato atraente. Talvez seja possível uma generalização, ao lembrar, por exemplo, da personagem Eurídice no filme *A vida invisível*[93], de Karim Aïnouz. Ela diz em certo ponto do filme que, quando toca piano, desaparece. Parece que a atividade sublimatória tem esse efeito de modificar a relação do sujeito com seu eu, o que é compatível com a proposição freudiana de que a sublimação se dá por um redirecionamento da libido narcísica, transformada, então, em libido de objeto, fazendo o eu "desaparecer".

Carvalho[94] questiona o estatuto comumente benéfico da sublimação, que acarretaria um apaziguamento do sofrimento psíquico. Dentro desse ponto de vista, a sublimação se opõe à formação de sintomas, pois não é propriamente uma formação de compromisso, não sucumbindo inteiramente às formas defensivas. Assim, mesmo se aproximando do sintoma, a sublimação é mais bem-sucedida. No entanto, observa a

---

[93] AÏNOUZ, K. *A vida invisível*. Filme longa-metragem, 2h25 min. Brasil, 2019.
[94] CARVALHO, A. C. Pulsão e simbolização: limites da escrita. In: BARTUCCI, G. (org.) *Psicanálise, literatura e estéticas de subjetivação*. Rio de Janeiro: Imago, 2001.

autora, não adianta simplesmente recomendar a alguém que desenvolva atividades sob o fundo das quais se encontraria a sublimação (escrever um poema, pintar um quadro) para que elas se livrem de seus sofrimentos e de seus sintomas — mesmo que se trate de um indivíduo talentoso. Não é possível controlar sua ocorrência, usá-la como um "remédio" para aplacar o sofrimento. De todo modo, não há razão para crer que os escritores e artistas sejam menos neuróticos do que os demais.

Assim, uma vez ocorrendo a sublimação, a hipótese de Carvalho é de que ela teria mais a ver com a transformação compartilhável das forças motivadoras do artista do que com a possibilidade de se livrar do sofrimento. Ou seja, a sublimação não atenuaria os efeitos do sintoma. O que estaria em jogo seria o compartilhar via reconhecimento social: essa seria a ênfase da sublimação. Até porque é frequente que a produção sublimada se refira exatamente a esse sofrimento que move o indivíduo a sublimar — a sublimação poderia inclusive se alimentar do sintoma ou então da angústia para ocorrer.

Pommier observa uma diferença essencial entre a passividade do sintoma e a atividade da sublimação. Enquanto o primeiro parece vir "de fora", não pertencer ao indivíduo, ser um corpo estranho, a sublimação seria algo da ordem de uma obra assinada. Além disso, para o autor, o sintoma mantém o corpo sexualizado, enquanto a sublimação remete a um "erotismo deslocado". O próprio sintoma, a partir do momento em que o indivíduo o toma pela via da atividade (não sendo mais apassivado por ele), tornando-o próprio, pode se transformar em obra — aproximando-se da sublimação, portanto, pela via do reconhecimento social e da dessexualização[95].

---

[95]POMMIER, G. Fim de análise e sublimação. In: *O desenlace de uma análise*. Rio de Janeiro: Jorge Zahar Editor, 1990, p. 195.

A sublimação no segundo dualismo pulsional

A conceitualização da pulsão de morte em psicanálise não apenas marca a passagem da primeira para a segunda teoria pulsional na obra freudiana, como também realiza uma grande mudança no entendimento de diversos mecanismos psíquicos, dentre eles a sublimação, como podemos observar principalmente em "O mal-estar na civilização"[96]. Os pontos de vista sobre a agressividade estão nesse artigo inteiramente perpassados pela conceituação, feita dez anos antes, da pulsão de morte. Assim, o princípio de prazer deixa de ser soberano e somos apresentados ao "além do princípio de prazer", cujas influências podem elucidar fenômenos antes enigmáticos e possibilitar novos entendimentos de certos fenômenos psíquicos, como os sonhos traumáticos e a transferência negativa.

A pulsão de morte e seus derivados, juntos com a própria cultura, passam a ser vistos de um novo ponto de vista. Ao velho antagonismo entre indivíduo e cultura, soma-se agora o antagonismo entre pulsões de vida e pulsões de morte, intrínseco ao próprio indivíduo.

A existência da pulsão de agressão, advinda da pulsão de morte, não apenas desloca o eixo do antagonismo

---

[96]FREUD, S. (1930) O mal-estar na civilização. In: *Edição standard brasileira das obras psicológicas completas de Sigmund Freud. O futuro de uma ilusão, O mal-estar na civilização e outros trabalhos (1927-1931)*. Direção de tradução de Jayme Salomão. Rio de Janeiro: Imago, 1990v, vol. XXI, p. 75-171.

pulsões x sociedade, como propõe a existência de um paradoxo no qual a sociedade impele o homem a limitar sua agressividade, sacrificando parte de sua felicidade individual, ao mesmo tempo em que a repressão dessa agressividade termina por ameaçar a existência do próprio homem, já que a agressividade desviada da cultura se voltaria contra o próprio indivíduo.

A concepção da pulsão de morte em 1920 traz mudanças importantes também para a teoria da sublimação. Em "Além do princípio de prazer"[97], encontramos a pulsão concebida mais na negatividade do que na positividade, no sentido de que a pulsão de morte se definiria pelo silêncio, pela ausência e, principalmente, pela oposição às pulsões de vida. No que há de positivo nessa definição, encontramos ainda um certo tom biologizante, na ideia de retorno ao inanimado. A autonomia da pulsão de morte só vai aparecer dez anos depois, em 1930, no artigo "O mal-estar na civilização"[98], sob a forma da pulsão destrutiva[99]. Aqui, fica clara a autonomia da pulsão de morte em relação à pulsão de vida, diferentemente do que encontramos em 1920, quando as duas classes de pulsões estavam fusionadas uma à outra.

---

[97]FREUD, S. (1920) Além do princípio de prazer. In: *Edição standard brasileira das obras psicológicas completas de Sigmund Freud. Além do princípio do prazer, Psicologia de grupo e outros trabalhos (1920-1922)*. Direção de tradução de Jayme Salomão. Rio de Janeiro: Imago, 1990r, vol. XVIII, p. 13-85.
[98]FREUD, S. (1930) O mal-estar na civilização. In: *Edição standard brasileira das obras psicológicas completas de Sigmund Freud. O futuro de uma ilusão, O mal-estar na civilização e outros trabalhos (1927-1931)*. Direção de tradução de Jayme Salomão. Rio de Janeiro: Imago, 1990v, vol. XXI, p. 75-171.
[99]GARCIA-ROZA, L.F. *O mal radical em Freud*. Rio de Janeiro: Jorge Zahar Editor, 5ª ed., 2004, p. 133.

Princípio de prazer e pulsão de morte

Em "Além do princípio de prazer"[100], Freud coloca o princípio de prazer como decorrência do princípio de constância, enunciado no "Projeto"[101] e em trabalhos anteriores. A partir do que se convencionou chamar "a virada de 1920", o princípio de prazer deixa de ser soberano e surge a questão relativa ao princípio que rege o psiquismo.

Se inicialmente se entendia que era o princípio de prazer que norteava o funcionamento psíquico, em 1920, Freud explicita que esse princípio não parece se aplicar a certos fenômenos, como os sonhos que ocorrem nas neuroses traumáticas, certas brincadeiras das crianças e repetições que ocorrem na transferência, a chamada transferência negativa. A partir daí, Freud postula a compulsão à repetição, um princípio do funcionamento psíquico que sobrepujaria o princípio de prazer e seria mais primitivo do que este[102].

---

[100]FREUD, S. (1920) Além do princípio de prazer. In: *Edição standard brasileira das obras psicológicas completas de Sigmund Freud. Além do princípio do prazer, Psicologia de grupo e outros trabalhos (1920-1922)*. Direção de tradução de Jayme Salomão. Rio de Janeiro: Imago, 1990r, vol. XVIII, p. 19.
[101]FREUD, S. (1895) Projeto para uma psicologia científica. In: *Edição standard brasileira das obras psicológicas completas de Sigmund Freud. Publicações pré-psicanalíticas e esboços inéditos (1886-1889)*. Direção de tradução de Jayme Salomão. Rio de Janeiro: Imago, 1990a, vol. I, p. 403-529.
[102]FREUD, S. (1920) Além do princípio de prazer. In: *Edição standard brasileira das obras psicológicas completas de Sigmund Freud. Além do princípio do prazer, Psicologia de grupo e outros trabalhos (1920-1922)*. Direção de tradução de Jayme Salomão. Rio de Janeiro: Imago, 1990r, vol. XVIII, p. 37.

Freud concebe, nesse artigo, a partir da compulsão à repetição, a pulsão de morte, a "pulsão por excelência", uma vez que guarda em si a tendência repetitiva da pulsão. Seu caráter regressivo, no sentido do retorno ao inorgânico, dá apoio à ideia de que a pulsão de morte é o que há de mais pulsional no psiquismo; poderíamos considerar, desse ponto de vista, a pulsão de morte como um princípio pulsional que antecede qualquer pulsão, tal como encontramos na teoria lacaniana, ou como uma "pulsão originária", nas palavras de Laplanche e Pontalis[103].

Em "Além...", Freud pela primeira vez escreve que "O princípio de prazer, parece, na realidade, servir diretamente às pulsões de morte"[104], afirmação problemática, se levarmos em conta que a pulsão de morte está ligada originalmente à compulsão à repetição, que, por sua vez, *se oporia ao princípio de prazer*. Enquanto as pulsões de vida trazem um incremento de tensão e aglutinam as unidades em grupos sucessivamente maiores e mais complexos, a pulsão de morte busca desligar e descarregar da forma mais direta possível a tensão. A pulsão de morte serviria, portanto, ao princípio de prazer, uma vez que, em um funcionamento primário, proporcionaria a descarga. Se seguirmos esse raciocínio, somos obrigados a concluir que a sublimação se encontra em oposição ao princípio de prazer, já que se dá às expensas das pulsões de vida, as quais, nessa concepção, são "complicadores" da vida,

---

[103]LAPLANCHE, J. e PONTALIS, J.B. *Vocabulário da psicanálise*. São Paulo: Editora Martins Fontes, 8ª ed., 1989, p. 535.
[104]FREUD, S. (1920) Além do princípio de prazer. In: *Edição standard brasileira das obras psicológicas completas de Sigmund Freud. Além do princípio do prazer, Psicologia de grupo e outros trabalhos (1920-1922)*. Direção de tradução de Jayme Salomão. Rio de Janeiro: Imago, 1990r, vol. XVIII, p. 85.

dificultando a descarga direta da tensão. A sublimação seria, por conseguinte, uma das maneiras das pulsões sexuais (pulsões de vida) não efetuarem uma descarga direta, mas sim ligarem a energia para descarregá-la via processo secundário.

No entanto, Freud revê sua posição em 1924, em "O problema econômico do masoquismo"[105], no qual diferencia princípio de prazer e princípio do Nirvana, sendo que este último traduziria a tendência da redução das tensões a zero. Freud argumenta que princípio do Nirvana e princípio de prazer não podem ser idênticos, uma vez que há situações de aumento de tensão que são nitidamente prazerosas (como é o caso da excitação sexual, por exemplo), de modo que o princípio do Nirvana (ausência de tensão) não poderia ser equivalente ao princípio de prazer. Freud postula a pulsão de morte como estando ligada, na realidade, a esse último princípio, enquanto o princípio de prazer, ligado às pulsões de vida nesse raciocínio, representaria a exigência da libido e se referiria à característica qualitativa da pulsão. Já o princípio do Nirvana se referiria ao registro quantitativo[106].

> Assim, obtemos um conjunto de vinculações pequeno mas interessante. O princípio do *Nirvana* expressa a tendência da pulsão de morte; o princípio de *prazer* representa as exigências da libido, e a modificação do último princípio, o princípio de *realidade*, representa a influência do mundo externo.[107]

---

[105]FREUD, S. (1924) O problema econômico do masoquismo. In: *Edição standard brasileira das obras psicológicas completas de Sigmund Freud. O ego e o id e outros trabalhos (1923-1925)*. Direção de tradução de Jayme Salomão. Rio de Janeiro: Imago, 1990u, vol. XIX, p. 197-212.
[106]*Ibid.*, p. 201.
[107]*Ibid.*

Cada um dos princípios teria um objetivo diferente, o que poderia causar conflito entre eles. Enquanto no princípio do Nirvana o objetivo seria uma diminuição quantitativa da tensão, no princípio de prazer tratar-se-ia de uma característica qualitativa da pulsão. Por último, o princípio de realidade implicaria um adiamento da descarga, com aceitação temporária do desprazer causado pela tensão, mas com a promessa de prazer. O princípio de prazer seria uma modificação do princípio do Nirvana, modificação que teria sido gerada pela pulsão de vida na forma de libido.

Mas, como aponta Monzani[108], o "fator qualitativo" evocado por Freud permanece misterioso, tornando a distinção que esse autor empreende entre princípio de prazer e princípio de Nirvana um tanto confusa. Ainda segundo Monzani, a grande novidade do esclarecimento de Freud em "O problema econômico do masoquismo"[109] diz respeito ao fato de que o princípio de prazer não trabalha exclusivamente em função da pulsão de morte. Por outro lado, a relação entre princípio de prazer e pulsão de morte permanece de certa forma irresoluta, mesmo muitos anos depois, em "Esboço de psicanálise"[110].

Examinemos, pois, o estatuto da sublimação dentro do quadro do novo dualismo relativo ao princípio de prazer. Freud relaciona a sublimação ao recalque na acepção de recalque primário: uma vez que ocorre o recalque, com a

---

[108]MONZANI, L. R. *Freud: o movimento de um pensamento*. Campinas: Editora da UNICAMP, 2ª ed., 1989.
[109]FREUD, S. (1924) O problema econômico do masoquismo. In: *Edição standard brasileira das obras psicológicas completas de Sigmund Freud. O ego e o id e outros trabalhos (1923-1925)*. Direção de tradução de Jayme Salomão. Rio de Janeiro: Imago, 1990u, vol. XIX, p. 197-212.
[110]MONZANI, L. R. *Freud: o movimento de um pensamento*. Campinas: Editora da UNICAMP, 2ª ed., 1989, p. 217-218.

ampla contribuição do processo civilizatório, a sublimação se configura como a forma possível de busca de prazer, a via que permaneceu desobstruída para tal busca, visto que as resistências não permitem a obtenção plena do prazer pela via da satisfação direta, dado o recalque originário. A sublimação, por um lado, continua atrelada ao princípio de realidade, como ocorria no primeiro dualismo pulsional, pois se trata de *uma possibilidade de satisfação que leva em conta a cultura e o laço social*; por outro lado, ela implica uma satisfação de ordem sexual, já que Freud coloca ênfase na sublimação como o modo possível de *satisfazer* a pulsão.

Dentro do novo quadro da teoria pulsional, a sublimação possível seria a sublimação da pulsão de vida (categoria que engloba as pulsões sexuais), uma vez que esta tenderia a ligar e unir, proporcionando ao psiquismo uma descarga mediada, ou seja, funcionando no nível do processo secundário. Para que haja a possibilidade de descarga, é necessário que a pulsão sofra um processo de ligação (*Bildung*) — característico da pulsão de vida.

É difícil, atendo-nos à teoria freudiana, imaginar, a partir do dualismo pulsões de vida e pulsões de morte, como poderia se dar uma sublimação da pulsão de morte, mesmo que Freud se refira a tal possibilidade em carta a Marie Bonaparte[111]. Também aqui precisaremos contar com os avanços do ensino de Lacan.

Talvez possamos pensar em uma ligação da pulsão de morte quando voltada para fora; assim, fusionada com as pulsões de

---

[111]Em relação a esse ponto, consultar o artigo: METZGER, C. & SILVA Jr., N. Sublimação e pulsão de morte: a desfusão pulsional. In: *Revista Psicologia USP*, São Paulo, vol. 21, n. 3, p. 567-583, jul.-set. 2010.

vida, ela poderia ser sublimada. As guerras tecnológicas, por exemplo, dariam notícias dessa sublimação de uma agressão que não se dá mais de forma crua, no "corpo a corpo", mas de uma forma que posterga a descarga pulsional por meio de um refinamento da agressividade — ou seja, através de uma sublimação. Mas, ainda assim, não parece possível pensar na sublimação da pulsão de morte em estado puro, uma vez que ela tem como característica justamente o desligamento: a sublimação, desde o ponto de vista eminentemente freudiano, é um processo que exige a *ligação* da pulsão. De todo modo, a questão sobre a sublimação da pulsão de morte não parece resolvida, considerando que Freud levanta essa possibilidade, mas não chega a uma resposta definitiva sobre como se daria a sublimação da pulsão de morte desfusionada ou pura.

Complexo de Édipo e identificação

Em "O ego e o id"[112], Freud situa conceitos como identificação, ameaça de castração, formação do supereu, período de latência e sublimação. Apenas um ano depois, em "A dissolução do complexo de Édipo", retoma essas temáticas, agora sob a ótica do complexo de Édipo. Em sua discussão sobre o que ocorre na saída do complexo de Édipo, no caso do menino, encontramos a sublimação em posição de destaque.

---

[112]FREUD, S. (1923) O ego e o id. In: *Edição standard brasileira das obras psicológicas completas de Sigmund Freud. O ego e o id e outros trabalhos (1923-1925)*. Direção de tradução de Jayme Salomão. Rio de Janeiro: Imago, 1990, vol. XIX, p. 15-80.

Os investimentos de objeto são abandonados e substituídos por identificações. A autoridade do pai ou dos pais é introjetada no ego e aí forma o núcleo do superego, que assume a severidade do pai e perpetua a proibição deste contra o incesto, defendendo assim o ego do retorno do investimento libidinal de objeto. As tendências libidinais pertencentes ao complexo de Édipo *são em parte dessexualizadas e sublimadas* (coisa que provavelmente acontece com toda transformação em uma identificação) e em parte são inibidas em seu objetivo e transformadas em impulsos de afeição.[113] [114]

A interdição ao incesto, núcleo do complexo de Édipo, inaugura a necessidade de novos destinos para a pulsão, que não pode mais se satisfazer nos objetos primordiais. A partir daí, recalque e, em seguida, sublimação se apresentam como alternativas para a pulsão. Dessa forma, como encontramos em "Totem e tabu", o tabu do incesto, expresso pelo complexo de Édipo, se apresenta como instituinte da cultura[115], pois obriga a pulsão a buscar novos destinos. Dito de outro modo, o tabu coage a pulsão em outra direção, diferente

---

[113]FREUD, S. (1924) A dissolução do complexo de Édipo. In: *Edição standard brasileira das obras psicológicas completas de Sigmund Freud. O ego e o id e outros trabalhos (1923-1925).* Direção de tradução de Jayme Salomão. Rio de Janeiro: Imago, 1990, vol. XIX, p. 221 (grifos nossos).
[114]Parece-nos que o título da Amorrortu Editores para este artigo é mais feliz ao se referir ao *sepultamento* do complexo de Édipo e não a sua *dissolução*. Esse último termo pode transmitir a falsa ideia de que o complexo de Édipo "termina". A palavra "sepultamento" deixa claro que o complexo foi apenas enviado para estratos mais profundos, e não simplesmente desapareceu.
[115]FREUD, S. (1913) Totem e tabu. In: *Edição standard brasileira das obras psicológicas completas de Sigmund Freud. Totem e tabu e outros trabalhos (1913-1914).* Direção de tradução de Jayme Salomão. Rio de Janeiro: Imago, 1990, vol. XIII, p. 11-163.

do incesto e do assassinato do pai, de modo que, a partir do recalque dos representantes das pulsões incestuosas, surge a possibilidade — ou a necessidade — de sublimação.

A partir da segunda tópica, com a formulação das três instâncias — eu, isso e supereu —, a sublimação estará necessariamente implicada na resolução do complexo de Édipo, tal como indica Freud. A partir da ameaça de castração — desfecho do complexo de Édipo no menino —, os investimentos libidinais são abandonados, dessexualizados e podem ser sublimados, ou seja, a partir da passagem pelo complexo de Édipo, define-se um novo destino para a pulsão. Pela via da identificação, os objetos do antigo investimento da libido são incorporados ao eu sob a forma do supereu. O supereu, portanto, surge como herdeiro do complexo de Édipo, que visa garantir a manutenção da proibição ao incesto, assegurando que a libido não fará o caminho inverso, reinvestindo nos antigos objetos[116].

Freud compara o abandono do objeto sexual com a melancolia, uma vez que, também nesse fenômeno, o objeto se instala no eu[117]. Essa modalidade de incorporação do objeto, presente tanto no desenvolvimento do supereu quanto na melancolia, se dá via identificação, a qual se articula de modo fundamental com a sublimação. No complexo de Édipo, consistiria no processo através do qual, por exemplo, o menino toma o pai como seu ideal. Importante lembrar que identificação é diferente de escolha de objeto, tomar alguém como objeto de amor. Nesse caso, o outro se configura como aquilo que eu quero *ter*. No caso da identificação, o outro é ou tem

---

[116]FREUD, S. (1923) O ego e o id. In: *Edição standard brasileira das obras psicológicas completas de Sigmund Freud. O ego e o id e outros trabalhos (1923-1925)*. Direção de tradução de Jayme Salomão. Rio de Janeiro: Imago, 1990, vol. XIX.
[117]*Ibid.*, p. 43.

algo daquilo que eu quero *ser*[118]. Assim, por exemplo, um menino se identifica com seu pai e escolhe como objeto de amor uma mulher como sua mãe.

O ideal de eu, núcleo do supereu, se apresenta como o herdeiro do complexo de Édipo. O ideal de eu guarda em si os modelos a serem seguidos, funciona como parâmetro para o eu — e, por esse motivo, se configura também como herdeiro do narcisismo primário, em que o eu infantil correspondia ao seu próprio ideal[119].

Para que ocorra a identificação, é necessário que a libido, antes investida no objeto, se volte para o eu.

> A transformação de libido de objeto em libido narcísica, que assim se efetua, obviamente implica um abandono de objetivos sexuais, uma dessexualização — uma espécie de sublimação, portanto. Em verdade, surge a questão que merece consideração cuidadosa, de saber se este não será o caminho universal à sublimação. *Se toda sublimação não se efetua através da mediação do eu, que começa por transformar a libido objetal sexual em narcísica e, depois, talvez, passa a fornecer-lhe outro objetivo.* Posteriormente, teremos de considerar se outros destinos pulsionais não podem resultar também dessa transformação; *se, por exemplo, ela não pode ocasionar uma desfusão das diversas pulsões que se acham fundidas.*[120]

---

[118] *Ibid.*
[119] FREUD, S. (1921) Psicologia de grupo e análise do ego. In: *Edição standard brasileira das obras psicológicas completas de Sigmund Freud. Além do princípio do prazer, Psicologia de grupo e outros trabalhos (1920-1922)*. Direção de tradução de Jayme Salomão. Rio de Janeiro: Imago, 1990, vol. XVIII, p. 138.
[120] FREUD, S. (1923) O ego e o id. In: *Edição standard brasileira das obras psicológicas completas de Sigmund Freud. O ego e o id e outros trabalhos (1923-1925)*. Direção de tradução de Jayme Salomão. Rio de Janeiro: Imago, 1990, vol. XIX, p. 44-45 (grifos nossos).

Assim, temos um grupo de relações interessantes: as identificações, fruto da passagem pelo complexo de Édipo, formariam o núcleo do supereu, o chamado ideal de eu. As identificações também aconteceriam a partir da sublimação e da dessexualização. Interessante notar que aqui Freud separa sublimação de dessexualização, tratando-as como duas ocorrências distintas e associa a sublimação com as identificações, processo de constituição da instância psíquica do supereu.

Uma questão se coloca a partir da mudança proposta por Freud no texto sobre o narcisismo. Nele, Freud fala claramente da possibilidade da libido investir o eu. Mas, se a libido investe o eu, não está em jogo o que é da ordem do sexual? Se a libido, componente sexual da pulsão, pode investir o eu, como podemos falar em dessexualização na identificação, se tal processo se dá às expensas de *libido* narcísica, ou seja, libido que se volta para o eu? A tentativa freudiana, feita no texto sobre o narcisismo, de salvar o primeiro dualismo pulsional parece ter deixado, como sequela, o estatuto dúbio dos processos que envolvem a libido narcísica no que se refere à sexualização. Parece que a presença do sexual pode ser maior nos processos de identificação — cujo corolário é a libido narcísica — do que poderíamos supor. Se há dessexualização, não fica muito claro como ela se dá. Se o investimento no eu pode ser sexualizado, o que diferencia libido do eu e libido objetal? Apenas o fato de que a primeira se refere ao eu e a segunda se refere aos objetos?

Enfim, se voltarmos ao raciocínio da dessexualização, para que ocorra a identificação, é necessária a mediação do eu, que transformaria a libido de objeto em libido narcísica. O caminho que leva à sublimação segue o mesmo sentido da identificação. Em ambos os processos, é necessário o retorno da libido objetal para o eu, sendo, por fim, transformada em libido do eu e dessexualizada.

A hipótese do surgimento da sublimação a partir do complexo de Édipo (mais especificamente, a partir do recalque necessário para a saída do Édipo) é uma das duas hipóteses que podemos encontrar no texto freudiano sobre a origem da sublimação[121] e, parece-nos, a mais afinada com a teoria psicanalítica, uma vez que parte do entendimento do complexo de Édipo e suas implicações.

O mal-estar na civilização

Embora a conceituação da sublimação não se encontre em um único texto, mas se dilua em vários artigos, possivelmente "O mal-estar na civilização"[122] seja aquele no qual encontramos mais elementos da sublimação a partir do segundo dualismo pulsional. Juntamente com um olhar sobre a cultura, encontramos importantes reflexões sobre a condição de desamparo do homem não só em relação à cultura, mas também e principalmente em relação a sua própria constituição.

Tendo sido escrito após o texto de 1920, em que formula o dualismo *pulsões de vida x pulsões de morte*, incorpora

---

[121]A outra hipótese é a que leva em conta a adoção pelo homem da postura ereta e a consequente "repressão orgânica" que esta mudança de postura acarretaria, dando ensejo à sublimação.
[122]FREUD, S. (1930) O mal-estar na civilização. In: *Edição standard brasileira das obras psicológicas completas de Sigmund Freud. O futuro de uma ilusão, O mal-estar na civilização e outros trabalhos (1927-1931)*. Direção de tradução de Jayme Salomão. Rio de Janeiro: Imago, 1990v, vol. XXI, p. 75-171.

algumas consequências importantes dessa nova formulação. Uma delas — talvez a mais importante — diz respeito às consequências na cultura da pulsão de agressão e destruição, manifestação da pulsão de morte, cuja origem é interna ao indivíduo, surgindo, por outro lado, na cultura.

Encontramos, assim, uma importante mudança do pensamento freudiano em relação ao artigo "Moral sexual 'civilizada' e doença nervosa moderna"[123], de 1908, em que se deteve a pensar a cultura, embora ainda no registro do primeiro dualismo pulsional (e no registro da primeira tópica): a ideia de que o sofrimento e o sentimento de desamparo do homem são constitucionais de seu psiquismo, a partir da formulação da pulsão de morte, e não apenas consequência do conflito entre pulsão e cultura.

Como acontece no primeiro dualismo pulsional, a sublimação continua se afigurando como possibilidade de diminuir o sofrimento; é verdade, mas seu limite agora não se restringe apenas à capacidade reduzida de sublimação de que é dotada a maioria dos indivíduos: a própria dessexualização, que seria parte essencial do processo sublimatório, tem consequências no sentido de liberar a pulsão de morte. A desfusão pulsional, resultante da sublimação do eu, apresenta-se como uma ameaça decorrente do processo sublimatório, já que deixa como rastro uma quantidade de pulsão de morte desfusionada. Ou seja, o desamparo do homem tem relação com sua própria constituição, não se deve a causas externas, como o texto de 1908 poderia nos fazer crer.

---

[123]FREUD, S. (1908) Moral sexual "civilizada" e doença nervosa moderna. In: *Edição standard brasileira das obras psicológicas completas de Sigmund Freud. "Gradiva" de Jensen e outros trabalhos (1906-1908)*. Direção de tradução de Jayme Salomão. Rio de Janeiro: Imago, 1990i, vol. IX, p. 185-208.

Desde "O futuro de uma ilusão", Freud já pensava a religião como uma das possíveis soluções encontradas pelo homem para lidar com o desamparo, uma solução despida de reconhecimento pela razão — daí seu caráter ilusório, não passível de ser verificado, ligado de forma preponderante ao desejo de proteção. As ideias criadas e propagadas pela religião pretendem proteger o homem dos perigos da natureza, do Destino e dos outros homens[124], mas, de novo, não necessariamente pela via do princípio de realidade.

Freud incluirá a religião ora entre as neuroses coletivas, ora entre os delírios de massa, o que por si só já é indício de que essa seria uma solução pouco afeita ao princípio de realidade[125]. Dirá também que a religião limita a busca individual para a diminuição do sofrimento imposto pela vida, uma vez que se impõe como caminho para a felicidade de forma maciça, restringindo as possíveis escolhas de cada indivíduo singular e estabelecendo uma única forma para todos, independentemente de suas características individuais e preferências[126] [127]. Por outro lado, a religiosidade pode poupar os indivíduos da neurose *individual,* o que é verdade, mas ao preço de fixá-los no infantilismo e mantê-los atrelados a um delírio ou a um sintoma *coletivo.*

---

[124]FREUD, S. (1927) O futuro de uma ilusão. In: *Edição standard brasileira das obras psicológicas completas de Sigmund Freud. O futuro de uma ilusão, O mal-estar na civilização e outros trabalhos (1927-1931).* Direção de tradução de Jayme Salomão. Rio de Janeiro: Imago, 1990, vol. XXI, p. 30.
[125]FREUD, S. (1930) O mal-estar na civilização. In: *Edição standard brasileira das obras psicológicas completas de Sigmund Freud. O futuro de uma ilusão, O mal-estar na civilização e outros trabalhos (1927-1931).* Direção de tradução de Jayme Salomão. Rio de Janeiro: Imago, 1990v, vol. XXI, p. 100.
[126]*Ibid.*, p. 101-104.
[127]Ao longo do texto, Freud discute as buscas individuais por mitigar o sofrimento, entre as quais se inclui a sublimação. Voltaremos a elas em breve.

A religião se afigura, logo, como resposta ao desamparo que se contrapõe em certa medida à sublimação[128], no sentido de que esta última permite ao indivíduo encontrar uma solução própria e singular, em articulação com a cultura, e tem um caráter menos coercitivo. No caso da religião, a coerção seria grande, e as escolhas do indivíduo, mais limitadas. Em oposição à sublimação, cuja base é o trabalho psíquico e intelectual[129], ela inflige uma "intimidação da inteligência"[130], já que demanda que os indivíduos mantenham uma visão deformada na qual o valor da vida é diminuído e suas características são distorcidas.

Segundo Freud, a fim de suportar as dificuldades da vida, adotamos medidas paliativas, que podem ser divididas em três: "distrações poderosas, que nos fazem extrair luz de nossa desgraça; satisfações substitutivas, que a diminuem; e substâncias tóxicas, que nos tornam insensíveis a elas"[131]. Podemos encontrar formas de sublimação tanto naquilo que Freud denomina "distrações poderosas" quanto dentre as "satisfações substitutivas". Como exemplo do primeiro caso, Freud evoca a atividade científica, que desvia nossa atenção — nos distrai — de nossas misérias. No segundo, no qual estão

---

[128]Uma citação de Goethe utilizada por Freud neste artigo diz "Aquele que tem ciência e arte tem também religião; o que não tem nenhuma delas, que tenha religião!" — Goethe, Zahme Xenien IX (*Gedichte aus dem Nachlass*). Essa escolha pode já nos indicar a oposição entre religião e sublimação, do ponto de vista freudiano.
[129]FREUD, S. (1930) O mal-estar na civilização. In: *Edição standard brasileira das obras psicológicas completas de Sigmund Freud. O futuro de uma ilusão, O mal-estar na civilização e outros trabalhos (1927-1931)*. Direção de tradução de Jayme Salomão. Rio de Janeiro: Imago, 1990v, vol. XXI, p. 98.
[130]*Ibid.*, p. 104.
[131]*Ibid.*, p. 93.

também as neuroses, há as artes, que cumprem sua função graças à importância que tem para o homem a fantasia.

Mas que sofrimentos nos trazem as dificuldades da vida ou a quais sofrimentos se refere o autor? Freud aponta três fontes do sofrimento humano: a decadência do corpo, da qual "nem mesmo pode dispensar o sofrimento e a ansiedade como sinais de advertência"; as forças do mundo externo, com seu poder esmagador; e, por último, a ligação com os outros seres humanos. A hipótese é de que esta última seria a mais penosa das três. Não à toa, Freud cita a parábola do dilema do ouriço, de Schopenhauer, em seu trabalho sobre "Psicologia das massas e análise do eu"[132]: qual a distância ideal a ser mantida do semelhante? Tal qual um ouriço, a proximidade excessiva causa ferimentos. Mas a distância também seria mortal, pois não permitiria que compartilhassem o calor de que precisam para viver.

Há um amplo debate em torno das causas internas e externas da neurose no decorrer da obra freudiana. A cultura aparece em alguns momentos como causa externa — ou melhor, como incentivadora da neurose — por um lado, e, por outro, Freud atribui às causas internas um recalque que não se deveria às influências sociais. Em "O mal-estar na civilização"[133], já com a hipótese sobre o supereu, finalmente é possível ponderar com maior clareza sobre as contribuições

---

[132]FREUD, S. (1921) Psicologia de grupo e análise do ego. In: *Edição standard brasileira das obras psicológicas completas de Sigmund Freud. Além do princípio do prazer, Psicologia de grupo e outros trabalhos (1920-1922)*. Direção de tradução de Jayme Salomão. Rio de Janeiro: Imago, 1990v, vol. XVIII, p. 77-154.

[133]FREUD, S. (1930) O mal-estar na civilização. In: *Edição standard brasileira das obras psicológicas completas de Sigmund Freud. O futuro de uma ilusão, O mal-estar na civilização e outros trabalhos (1927-1931)*. Direção de tradução de Jayme Salomão. Rio de Janeiro: Imago, 1990v, vol. XXI, p. 75-171.

originadas *no interior* do indivíduo e relacionadas à cultura para o surgimento da neurose. Agora, o sentimento de culpa, oriundo do supereu e que limita o indivíduo em uma série de ações que o levariam à satisfação pulsional, se apresenta como fundamento para compreender a pulsão destrutiva dentro do indivíduo.

Em 1923, esse sentimento de culpa tem origem no recalque do complexo de Édipo, precursor por sua vez do supereu. Quanto mais força tem o complexo de Édipo e quanto mais rápido sucumbe ao recalque, maior será a dominação superegoica, manifestada, então, sob a forma de consciência ou do sentimento inconsciente de culpa[134]. Se à época de "O ego e o id" o sentimento de culpa era, além de resultado da agressividade oriunda da pulsão de morte[135], uma reação à sexualidade, no sentido de um efeito do recalque do complexo de Édipo; agora, em 1930, Freud enfatiza tal sentimento principalmente como uma reação à destrutividade[136]. Ou seja, embora a hipótese da ligação entre sentimento de culpa e destrutividade não seja nova, nesse artigo, Freud sublinha tratar-se de um sentimento que barra ou, no mínimo, media a agressividade voltada para a cultura.

Se, antes da hipótese do supereu e da pulsão de morte, a cultura é a responsável externa ao indivíduo pelo incremento

---

[134]FREUD, S. (1923) O ego e o id. In: *Edição standard brasileira das obras psicológicas completas de Sigmund Freud. O ego e o id e outros trabalhos (1923-1925)*. Direção de tradução de Jayme Salomão. Rio de Janeiro: Imago, 1990, vol. XIX, p. 49.
[135]Liberada a partir da desfusão pulsional, que, por sua vez, é causada pela transformação de libido objetal em libido narcísica, ou seja, pela dessexualização envolvida nesse processo.
[136]GARCIA-ROZA, L.F. *O mal radical em Freud*. Rio de Janeiro: Jorge Zahar Editor, 5ª ed., 2004, p. 161.

da neurose, por não permitir que ele satisfaça suas demandas pulsionais; agora, a situação é outra. O supereu, cuja origem primeira é ser herdeiro do complexo de Édipo, configura-se em um segundo momento como o representante da cultura, ocupando seu lugar *no interior* do indivíduo e contribuindo para o incremento do sentimento de culpa. Permanece em grande parte inconsciente e é responsável por certo mal-estar, para o qual os homens procuram outras causas, uma vez que, de forma geral, não o identificam como tal[137]. A pulsão de morte, assim, na forma do sentimento de culpa, se caracteriza como agressividade dirigida para dentro do indivíduo — poupando, portanto, a cultura.

A sublimação se afigura como uma possibilidade de prazer a partir do trabalho psíquico e intelectual, utilizados então para afastar o sofrimento.

> Outra técnica para afastar o sofrimento reside no emprego dos deslocamentos de libido que nosso aparelho mental possibilita e através dos quais sua função ganha tanta flexibilidade. A tarefa aqui consiste em reorientar os objetivos pulsionais de maneira que não possam ser alcançados pela denegação do mundo exterior. Para isso, ela conta com a assistência da *sublimação das pulsões*. Obtém-se o máximo quando se consegue intensificar suficientemente a produção de prazer a partir de fontes do trabalho psíquico e intelectual. Mas o destino pode mostrar-se adverso. Satisfações como a alegria do artista no ato de criar, de corporificar

---

[137]FREUD, S. (1930) O mal-estar na civilização. In: *Edição standard brasileira das obras psicológicas completas de Sigmund Freud. O futuro de uma ilusão, O mal-estar na civilização e outros trabalhos (1927-1931)*. Direção de tradução de Jayme Salomão. Rio de Janeiro: Imago, 1990v, vol. XXI, p. 160.

os produtos de sua fantasia, ou do cientista em solucionar problemas e buscar o conhecimento da verdade, possuem uma qualidade particular que certamente um dia poderemos caracterizar metapsicologicamente. Atualmente, apenas de forma figurada, podemos dizer que tais satisfações parecem "mais refinadas e mais altas". Contudo, sua intensidade se revela muito tênue quando comparada com a que se origina da satisfação de impulsos pulsionais grosseiros e primários; *ela não convulsiona o nosso ser físico*.[138]

A sublimação depende da possibilidade de intensificar o prazer adquirido através das atividades psíquicas e intelectuais, mas mesmo essa intensificação tem um limite claro, já que "não comoveria nossa corporeidade". A falta de caracterização metapsicológica dos processos criativos e investigativos, aponta Freud, limita o quanto podemos entender sobre sua natureza e suas consequências. O fato de a sublimação não proporcionar a intensidade de satisfação que gera uma satisfação direta seria apenas uma de suas limitações. Além disso, ela continua sendo inacessível a todos, na concepção freudiana, e parece pouco efetiva quando a fonte do sofrimento é o corpo do homem.

No entanto, a questão que se mantém é o que de fato pode "convulsionar nosso ser físico", se levarmos em conta que o objeto não está pré-determinado e que essa comoção depende da fantasia de cada um[139]. "Entre a pulsão e o objeto, há o desejo e a fantasia"[140]. Podemos falar em sobredetermi-

---

[138]*Ibid.*, p. 98 (grifos nossos)
[139]GARCIA-ROZA, L.F. *Introdução à metapsicologia freudiana*. Rio de Janeiro: Jorge Zahar Editor, vol. III, 6ª ed., 2004, p. 136.
[140]GARCIA-ROZA, L.F. *O mal radical em Freud*. Rio de Janeiro: Jorge Zahar Editor, 5ª ed., 2004, p. 65.

nação do objeto de satisfação para um indivíduo específico, a partir do desejo e da fantasia, mas não em uma pré-determinação geral quanto ao objeto da pulsão. O fato da pulsão, do desejo e seu objeto serem efeitos da linguagem[141], e não do funcionamento instintual, coloca a comoção do físico como algo bastante relativo e não mais completamente vinculado aos processos primários. Esse conceito, ligado à pulsão, ao desejo e ao objeto como efeitos de linguagem, é originário de Jacques Lacan, a partir do texto "Função e campo da fala e da linguagem em psicanálise"[142], que leva em conta particularmente o artigo "O inconsciente"[143].

Essa submissão ao universo da linguagem coloca como regra geral uma satisfação sempre parcial e nunca plena, já que a satisfação não diz mais respeito às "satisfações de necessidade", como no caso da resposta ao instinto. Por outro lado, a inadequação do objeto multiplica as possibilidades de satisfação pulsional.

Uma possibilidade de "nos tornar independentes do mundo externo pela busca de satisfação em processos internos, psíquicos"[144], apresenta-se pela fantasia e, dentro dela, a *fruição das obras de arte* se afigura como possibilidade importante de se

---

[141] *Ibid.*, p. 67.
[142] LACAN, J. Função e campo da fala e da linguagem em psicanálise. In: *Escritos*. Tradução de Vera Ribeiro. Jorge Zahar Editor, 1998.
[143] FREUD, S. (1915) O inconsciente. In: *Edição standard brasileira das obras psicológicas completas de Sigmund Freud. A história do movimento psicanalítico, artigos sobre metapsicologia e outros trabalhos (1914-1916)*. Direção de tradução de Jayme Salomão. Rio de Janeiro, Imago, 1990, vol. XIV, p. 185-245.
[144] FREUD, S. (1930) O mal-estar na civilização. In: *Edição standard brasileira das obras psicológicas completas de Sigmund Freud. O futuro de uma ilusão, O mal-estar na civilização e outros trabalhos (1927-1931)*. Direção de tradução de Jayme Salomão. Rio de Janeiro: Imago, 1990v, vol. XXI, p. 99.

obter satisfação. Freud ressalta, no entanto, que o afastamento do sofrimento por essa via seria passageiro.

Ele se refere àquilo que denomina "atitude estética"[145], que se aproxima da fruição da arte no que diz respeito à suave intoxicação que ambas proporcionam, mas parece se diferenciar dessa última por não se restringir às obras de arte, mas se expandir para tudo aquilo que comporte a característica da beleza. A apreciação da beleza inclui todos os modos como ela possa se apresentar: "a beleza das formas e dos gestos humanos, a dos objetos naturais e das paisagens e a das criações artísticas e mesmo científicas"[146].

Através da pequena lista de possibilidades de alívio do desamparo que nos mostra Freud, é possível inferir a presença da sublimação também em alguns casos na relação do homem com seu trabalho. Não se trata de uma relação necessária, mas possível. Quando ocorre,

> Nenhuma outra técnica para a conduta da vida prende o indivíduo tão firmemente à realidade quanto a ênfase concedida ao trabalho, pois este, pelo menos, fornece-lhe um lugar seguro numa parte da realidade, na comunidade humana. A possibilidade que essa técnica oferece de deslocar uma grande quantidade de componentes libidinais, sejam eles narcísicos, agressivos ou mesmo eróticos, para o trabalho profissional, e para os relacionamentos humanos a ele vinculados, empresta-lhe um valor que de maneira alguma está em segundo plano quanto ao de que goza como algo indispensável à preservação e justificação da existência em sociedade.[147]

---
[145]*Ibid.*, p. 101-102.
[146]*Ibid.*, p. 102.
[147]*Ibid.*, p. 99, nota de rodapé.

O trabalho permite deslocar grande quantidade de libido para a construção e manutenção da cultura, assim como para a dessexualização, que dá origem aos relacionamentos humanos. Ou seja, o reconhecimento social do trabalho se dá sempre em mais de uma esfera: da produção e dos relacionamentos.

Naquilo que concerne à fruição da beleza, diferente de outros valores culturais, como a ordem e a limpeza, encontramos uma aparente inutilidade que nos leva a perguntar sobre o que elevaria essas ações ao estatuto de importância que têm na cultura. À guisa de resposta, Freud aponta que não se trata apenas da utilidade. "Que a civilização não se faz acompanhar apenas pelo que é útil, já ficou demonstrado pelo exemplo da beleza, que não omitimos entre os interesses da civilização"[148]. Há algo além da utilidade que funciona como norte para a cultura: o prazer.

> Se, de modo bastante geral, supusermos que a força motivadora de todas as atividades humanas é um esforço desenvolvido no sentido de duas metas confluentes, a de *utilidade* e a de *obtenção de prazer*, teremos de supor que isso também é verdadeiro quanto às manifestações da civilização que acabamos de examinar [Freud se refere às religiões, aos sistemas filosóficos e aos ideais], embora só seja facilmente visível nas atividades científicas e estéticas.[149]

Ou seja, a dimensão do prazer não ficou de fora da cultura e é também um de seus pilares. É essa dimensão regida pelo princípio de prazer que nos ajuda a entender por que a

---

[148]*Ibid.*, p. 114.
[149]*Ibid.*, p. 114-115 (inserção nossa).

sublimação, desse ponto de vista, não se opõe ao princípio de prazer, mas é solidária a ele.

A sublimação no ensino de Lacan

Lacan discute a sublimação de forma mais detida em três de seus seminários. O debate mais extenso e conhecido é o que ele realiza no seminário 7, sobre a ética da psicanálise[150]. Todavia, ele também aborda o tema da sublimação no seminário 14, sobre a lógica da fantasia[151], e no seminário 16, de um Outro ao outro[152]. Vamos nos dedicar daqui em diante a expor e discutir brevemente algumas das elaborações de Lacan no seminário 7. Lacan parte, como é usual, das indicações freudianas, mas também propõe uma leitura que resolve alguns pontos controversos da sublimação que indicamos neste livro. Sem desconsiderar a teorização do pai da psicanálise, Lacan propõe uma releitura da sublimação em seu seminário sobre a ética da psicanálise e a define como a "elevação do objeto à dignidade da Coisa"[153]. Uma vez que nada há de óbvio nessa definição, tentemos destrinchá-la.

---

[150]LACAN, J. (1959-1960) *O seminário, livro 7: a ética da psicanálise*. Tradução de Antonio Quinet. Rio de Janeiro: Jorge Zahar Editor, 2008.
[151]LACAN, J. (1966-1967) *O seminário: a lógica do fantasma*. (Publicação não comercial exclusiva para os membros.) Recife, Centro de Estudos Freudianos do Recife, 2008a.
[152]LACAN, J. (1968-1969) *O seminário, livro 16: de um Outro ao outro*. Tradução de Vera Ribeiro. Rio de Janeiro: Jorge Zahar Editor, 2008.
[153]LACAN, J. (1959-1960) *O seminário, livro 7: a ética da psicanálise*. Tradução de Antonio Quinet. Rio de Janeiro: Jorge Zahar Editor, 2008, p. 141, aula de 20 de janeiro de 1960.

A Coisa indicada por Lacan é *das Ding*, termo que ele resgata do artigo "Projeto para uma psicologia científica"[154] para designar o centro em torno do qual gravitam os significantes.

> O mundo freudiano, ou seja, o da nossa experiência comporta que é esse objeto, *das Ding*, enquanto Outro absoluto do sujeito, que se trata de reencontrar. Reencontramo-lo no máximo como saudade. Não é ele que reencontramos, mas suas coordenadas de prazer.[155]

Para dimensionar o peso de sua definição lacaniana da sublimação, é importante antes retomar a importância central da linguagem para Lacan, expressa na célebre máxima "O inconsciente é estruturado como linguagem". A relação indissociável entre linguagem e inconsciente em Lacan já foi amplamente abordada e nada mais é do que consequência necessária da teorização freudiana, na qual a importância da linguagem é reiteradamente sublinhada, desde a discussão dos sintomas histéricos, nos primórdios da psicanálise, até sua discussão metapsicológica do inconsciente. Se Lacan se esforça em evidenciar a fala e a linguagem como definidoras do sujeito e do campo da psicanálise, ele também enfatiza que o psiquismo não se reduz a isso. A tópica lacaniana compreende, além do simbólico, também os registros do real e

---

[154]FREUD, S. (1895) Projeto para uma psicologia científica. In: *Edição standard brasileira das obras psicológicas completas de Sigmund Freud. Publicações pré-psicanalíticas e esboços inéditos (1886-1899)*. Rio de Janeiro: Imago, 1990a, vol. I, p. 403-529.
[155]LACAN, J. (1959-1960) *O seminário, livro 7: a ética da psicanálise*. Tradução de Antonio Quinet. Rio de Janeiro: Jorge Zahar Editor, 2008, p. 69, aula de 9 de dezembro de 1959.

do imaginário, que se enodariam entre si e com o simbólico, revelando em seu entrelaçamento que, embora sejam diferentes, a importância de cada um desses três registros do psiquismo é igual.

É, portanto, no seminário em que discute a ética da psicanálise que Lacan introduz *das Ding*. Trata-se de um elemento fora do significado que ao mesmo tempo orienta e organiza a cadeia significante. As coordenadas de prazer, do prazer que só pode ser buscado pela via significante, são externas a ele; há algo do real (*das Ding*) que está no centro do simbólico. Lacan toma de empréstimo a metáfora heiddeggeriana do oleiro que molda o vaso em torno do vazio para se referir a *das Ding* como o vazio fundante no centro do sujeito e cria um neologismo para se referir a ele: *das Ding* seria êxtimo, o mais íntimo e ao mesmo tempo o mais exterior, o mais estranho. Sendo aqui formulado como elemento real, seu sucedâneo no ensino de Lacan será o objeto *a*, definido como objeto causa de desejo.

Lacan diferencia os termos em alemão, *die Sache* e *das Ding*, duas maneiras de se referir à coisa — diferente tanto do francês quanto do português, que contam apenas com uma palavra: *chose* ou coisa. O primeiro deles, *die Sache*, diz respeito à coisa enquanto produto ou ação humana no campo da linguagem e, portanto, passível de ser explicitado; mais que isso, transita entre o campo do pré-consciente e da consciência[156]. Por seu turno, *das Ding* se refere ao objeto enquanto perdido e, portanto, impossível de ser reencontrado. É nessa medida que ganha sua característica de vazio.

Uma vez que *das Ding*, a Coisa, se configure como o vazio em torno do qual o simbólico se organiza, tratar-se-ia, no

---

[156] *Ibid.*, p. 61, aula de 9 de dezembro de 1959.

objeto perdido mítico freudiano, de um vazio que logicamente não pode ser preenchido, da ordem do real, mas ao qual se poderia aludir. Nesse sentido, Lacan explicita que o objeto perdido freudiano nunca existiu; trata-se de um objeto mítico, pois o que existe é, então, o vazio no centro.

A sublimação seria, portanto, um modo de aludir a esse vazio fundante, ao qual nenhum objeto equivale, que nenhum objeto preenche, mas que forneceria as coordenadas do prazer, como indica Lacan[157], desde as quais esse objeto será buscado, em nome do princípio de prazer. Essa orientação para a busca da experiência de satisfação, que visa reproduzir o suposto encontro com *das Ding*, lança luz às diferentes condutas na neurose.

Lacan indica desde Freud a relação da neurose, na histeria e na neurose obsessiva, com *das Ding*, que traduziria a relação de cada um deles com esse objeto inaugural da experiência de satisfação, cujas consequências se fariam sentir na relação do sujeito com outros objetos. Para a histérica, tratar-se-ia de sustentar "o suporte de uma aversão"[158], na medida em que seu objeto primeiro é um objeto de insatisfação. Diferente disso, na neurose obsessiva o objeto a partir do qual se organiza a experiência de prazer é um objeto que trouxe um excesso de prazer; a partir daí, ele sempre evita aquilo que seria a meta de seu desejo como forma de evitar o excesso de prazer. Na medida em que está em pauta a questão do prazer, através dela a relação do sujeito com o desejo se anuncia. *Das Ding* participa da lei do incesto, na medida em que se configura como o objeto de desejo inalcançável.

---

[157] *Ibid.*, p. 69, aula de 9 de dezembro de 1959.
[158] *Ibid.*, p. 70, aula de 9 de dezembro de 1959.

> É na própria medida em que a função do princípio de prazer é fazer com que o homem busque sempre aquilo que ele deve reencontrar, mas que não poderá atingir, que nesse ponto reside o essencial, esse móvel, essa relação que se chama a lei da interdição do incesto.[159]

No entanto, não se trata simplesmente do objeto proibido, mas do objeto impossível. Aqui, Lacan coloca a interdição do incesto de um modo diverso do que fizera anteriormente, quando ela se configurava como castração, inscrição da falta na acepção simbólica e, portanto, como aquilo que define as estruturas clínicas: neurose, psicose e perversão. Ele indica que "a interdição do incesto não é outra coisa senão a condição para que subsista a fala"[160]. É a partir de *das Ding* que Lacan discutirá a questão da ética da psicanálise. Ele parte da tradição da filosofia na qual ética e moral estão intimamente relacionadas e, através de sua proposição de ética da psicanálise, rompe com a tradição filosófica, divorciando ética e moral[161].

Para entender de que modo Lacan proporá tal ruptura, devemos retomar brevemente o debate relativo à ética e à moral no campo da filosofia. A ética e a moral dizem respeito aos usos e costumes de uma determinada sociedade em um dado momento histórico. Elas são pensadas de modo diverso ao longo do tempo e por diferentes autores. Evidentemente, não faremos uma discussão extensa sobre o tema, mas é importante situar brevemente ao menos dois dos

---

[159]*Ibid.*, p. 87-88, aula de 16 de dezembro de 1959.
[160]*Ibid.*, p. 89, aula de 16 de dezembro de 1959.
[161]Os parágrafos seguintes foram reformulados de um trecho do meu livro *A sublimação no ensino de Lacan*. EDUSP: São Paulo, 2017.

autores aos quais Lacan se refere em sua proposição sobre a ética da psicanálise.

As ideias de ética e de moral remontam à Antiguidade: para Aristóteles, ambas seriam sinônimos, na medida em que não haveria distinção entre público e privado. Para ele, está em pauta a ética da virtude: deve-se fazer o que é virtuoso. A moral é composta pelo conjunto de regras aceitas socialmente, que apontam para a virtude. Tendo como referência a ética da virtude, as soluções dadas a determinados problemas são particulares, ou seja, não seguem regras universais. Sua ética é uma ética particularista. Importante notar que particularista não é o mesmo que relativista; não se trata de mudar a ética para cada situação, mas de buscar a maneira mais adequada em cada caso de ser virtuoso. O exemplo clássico é o de um homem que comete um assassinato. Esse seria um ato inaceitável em termos da moral. Se, por exemplo, um tirano sequestra minha família e me coage a matar alguém — um inimigo dele, digamos —, obedecê-lo, do ponto de vista do Bem Supremo kantiano, seguiria sendo moralmente condenável. Por outro lado, para Aristóteles, isso depende de certas circunstâncias. Matar alguém é ação condenável. No entanto, se esse mesmo tirano sequestra minha família e ameaça matá-la caso eu não mate seu inimigo, o assassinato que eu venha a cometer a contragosto nessa situação pode se tornar uma ação moral: mato para salvar vidas, mato para poupar minha família.

Em uma tradição moderna, Kant, no século dezoito, formula o procedimento do imperativo categórico, cujo objetivo é pôr à prova as ações humanas. Para isso, deve universalizar uma regra que já existe. Diferente do pensamento particularista aristotélico, para esse autor, uma ação só é moral na medida em que atende à condição de ser passível de universalização: antes de executar uma ação, devo me interrogar se a atitude que tomarei seria também correta caso se voltasse para mim e em qualquer outra situação. Ou seja, não farei a outrem aquilo que não seria correto que fizessem a qualquer um e também que fizessem a mim. Haveria, desse modo, um bem comum a todos, uma regra passível de universalização. Esse seria o Bem Supremo ao qual se refere Lacan, desde Kant: o que é bom para um homem deve ser bom para todos. Não importa aqui a singularidade de cada homem; pelo contrário, qualquer ser racional deve aceitar a regra da universalização. No exemplo supracitado, o assassinato seria moralmente condenável mesmo que eu o fizesse para defender a vida da minha família. Dito de outro modo, para que o imperativo categórico tenha validade, não pode haver exceções. Para Kant, a moral concerne a valores da esfera pública, enquanto a ética se aplica à esfera privada. Elas podem coincidir ou não.

A ética proposta por Lacan como ética da psicanálise diverge da tradição filosófica, na medida em que coloca em seu centro *das Ding*. Nesse sentido, a psicanálise reconheceria no centro de sua ética o próprio real. *Das Ding* seria, de certo modo, a face ética da pulsão[162], tomada como vontade de recomeçar. Essa vontade de recomeço, por sua vez, remete ao próprio desejo, na medida em que alude a seu aspecto de puro deslizamento metonímico.

A radicalidade da concepção lacaniana da ética visa não apenas apontar o norte do tratamento psicanalítico, mas alertar para o perigo de aliar a psicanálise à moral, o que faz por

---

[162]LACAN, J. (1959-1960) *O seminário, livro 7: a ética da psicanálise*. Tradução de Antonio Quinet. Rio de Janeiro: Jorge Zahar Editor, 2008, p. 114-115, aula de 13 de janeiro de 1960.

exemplo a leitura realizada pelos psicanalistas pós-freudianos contemporâneos a Lacan, que propõem a relação genital como uma espécie de moral natural que deveria idealmente ser atingida por uma análise. Lacan nos alerta para aquilo que já fora elucidado pelo próprio Freud no que diz respeito à consciência moral: ela nunca é aplacada e, paradoxalmente, quanto maior é sua exigência, maior sua crueldade em termos de autopunição e maiores são suas autoacusações. Seria ingênuo tomar o homem como tendo uma natureza boa que deveria se realizar plenamente através da análise. É como se Lacan nos alertasse, então, desde Freud, de que tomar como norte para a psicanálise a moral, mesmo na acepção do bem, é na verdade um grande perigo e pode inclusive conduzir ao oposto do que seria sua intenção, levando o sujeito à hipocrisia ou, tão ruim quanto, ao cinismo[163].

> ...o bem como tal, que foi o eterno objeto da pesquisa filosófica no que diz respeito à ética, a pedra filosofal de todos os moralistas, o bem é negado por Freud. Ele é recusado na origem de seu pensamento na própria noção de princípio de prazer como regra da mais profunda tendência, da ordem das pulsões.[164]

É por essa razão, dado que Freud coloca o psiquismo como regido pelo princípio de prazer, que Lacan dirá que *das Ding* — que dá as coordenadas do prazer, lembremos — é

---

[163]Sobre esse ponto, ver LACAN, J. (1962) Kant com Sade. In: *Escritos*. Tradução de Vera Ribeiro. Rio de Janeiro: Jorge Zahar Editor, 1998.
[164]LACAN, J. (1959-1960) *O seminário, livro 7: a ética da psicanálise*. Tradução de Antonio Quinet. Rio de Janeiro: Jorge Zahar Editor, 2008, p. 122, aula de 13 de janeiro de 1960.

o Bem Supremo[165], o que configura uma inversão do imperativo categórico kantiano perpetrado por Freud. Dito de outro modo, o princípio que rege o psiquismo, o princípio de prazer, é incompatível com um direcionamento moral da análise; desse modo, o que daria a direção para a psicanálise seria justamente *das Ding*, na medida em que se trata do real pulsional ligado ao desejo e de uma acepção do objeto mítico perdido.

É a partir daí que Lacan introduzirá a questão da sublimação: "A sublimação é, com efeito, a outra face da exploração que Freud efetua como pioneiro das raízes do sentimento ético, na medida que este se impõe sob a forma de interdições, de consciência moral"[166]. Diferente de ceder à consciência moral, a sublimação se configuraria justamente por elevar o objeto — um objeto qualquer, *die Sache* — à dignidade de *das Ding*, a Coisa.

Se *das Ding* está ligado à pulsão, como se articula com o desejo?

> Tentativa de reencontrar as primeiras experiências de satisfação, pela via da identidade de percepção, tal como indica Freud, momento de completude com o Outro, segundo Lacan. Todavia, no lugar desse suposto objeto mítico de completude perdido, há o vazio, já que o objeto nunca existiu. Nesse sentido, podemos dizer que *a sublimação é orientada pela mesma matriz do desejo*, na medida em que o objeto perdido é *das Ding*, objeto que a sublimação visa cingir, mas nesse caso com a diferença de que na sublimação trata-se de *alusão à das Ding* — e não da busca de reencontro.[167]

---

[165]*Ibid.*, p. 90, aula de 16 de dezembro de 1959.
[166]*Ibid.*, p. 111-112, aula de 13 de janeiro.
[167]METZGER, C. *A sublimação no ensino de Jacques Lacan: um tratamento possível do gozo*. São Paulo: EDUSP, 2017, capítulo "Necessidade, demanda e desejo" (grifos nossos).

Um modo possível de caracterizar o desejo é indicar que ele advém da castração. Na saída do Édipo estrutural, a partir da dialética do ser e da dialética do ter, inscreve-se a castração, ou seja, a falta em sua dimensão simbólica. A partir dessa inscrição, a criança "sabe" que ninguém completa ninguém e que o Outro é faltante. É esse "saber" que instaura o desejo, puro movimento, deslizamento metonímico de um significante para o outro. O desejo só é desejo de alguma coisa contingencialmente, já que não existe objeto específico de satisfação da pulsão. Só é possível desejar ali onde algo falta, daí o desejo ser correlato à castração. Por outro lado, uma vez que haja castração, não existe completude possível. A castração, inscrição simbólica da falta, abre a possiblidade desejante no sujeito, mas o que dá as coordenadas do desejo, fora do significado, é *das Ding*.

Necessidade, demanda, desejo

A arte eventualmente fornece exemplos notáveis do que pode vir a ser a elevação do objeto e a alusão à *das Ding*.

Sublimação e arte
Lacan diz não ser possível referir-se à forma sublimada sem se referir ao objeto[168], e é aqui que os produtos da arte podem tão bem aludir à sublimação, não apenas por sua função

---

[168]LACAN, J. (1959-1960) *O seminário, livro 7: a ética da psicanálise*. Tradução de Antonio Quinet. Rio de Janeiro: Jorge Zahar Editor, 2008, p. 119, aula de 13 de janeiro de 1960.

imaginária, mas por sua capacidade de recobrir o vazio de *das Ding*. Mais que isso, a arte se presta bem à criação de valor, característica da sublimação:

> É aí que reside o problema da sublimação, uma vez que é criadora de um certo número de formas, da qual a arte não é a única [...] Pois é em função do problema ético que devemos julgar essa sublimação enquanto criadora de tais valores, socialmente reconhecidos.[169]

A arte se apresenta não como a única, mas como uma das vias possíveis de criação de valor ligada à sublimação, na medida em que "Toda arte se caracteriza por um certo modo de organização em torno desse vazio"[170], o vazio de *das Ding*; diferentemente do que encontramos na religião, que consiste justamente em modos de evitar o vazio, e na ciência, que promove uma *Unglauben*, uma descrença, um efeito parecido mas ao avesso, a partir de uma rejeição da Coisa.

Lacan usa no seminário 7[171] o célebre exemplo de seu amigo, o fotógrafo Jacques Prévert. Um dia, ao visitar o amigo, Lacan se depara com uma obra bastante singular: Prévert havia feito um arranjo com uma grande quantidade de caixinhas de fósforos vazias. Ele as enfileirou por todo o perímetro da lareira com suas gavetinhas vazias abertas. Assim, conseguiu o efeito de que uma enorme quantidade de gavetinhas de caixas de fósforos vazias circundasse a boca vazia da lareira, provocando a elevação de um objeto comum e mundano — a caixinha de fósforos — à dignidade

---
[169]*Ibid.*, p. 135, aula de 20 de janeiro de 1960.
[170]*Ibid.*, p. 162, aula de 3 de fevereiro de 1960.
[171]*Ibid.*

da Coisa, através desse modo peculiar de evidenciar o vazio por meio de sua duplicação — as gavetas vazias das caixas de fósforos e o vazio da lareira. Haveria ainda um possível debate acerca da ideia de "dignidade" na proposição lacaniana da sublimação, configurada eventualmente como referência ao pensamento kantiano. No entanto, não adentraremos nesse campo aqui; ele fica indicado àqueles que quiserem explorá-lo.

Desde Freud, como encontramos por exemplo em seu texto sobre da Vinci, a sublimação é uma noção do corpo teórico da psicanálise que se caracteriza como operador interessante para se discutir a arte em suas múltiplas manifestações. O exemplo de Prévert já deixa entrever a relação da sublimação com as artes. Não é que toda produção artística seja uma reprodução da falta, uma elevação do objeto à dignidade da Coisa, mas há certas obras — livros, filmes, obras de artes plásticas etc. — que têm essa capacidade. Outro exemplo utilizado por Lacan no seminário 7 é a poesia do amor cortês, na qual a ênfase está na pulsão, e não no objeto, evidenciando que o objeto é ausente[172]. No amor cortês, a dama exaltada em poemas é normalmente alguém inacessível ao poeta, mas cuja alusão é a própria alusão ao desejo. Além disso, Lacan nota que o caráter das damas que são objeto dos poemas do amor cortês é em geral igual. Ele explicita que não é a dama o mais importante nesses poemas, mas a posição que ela ocupa, sendo esse o álibi dos

---

[172] A ênfase na pulsão é um elemento importante da sublimação, na medida em que estar avisado do vazio seria um dos ganhos do fim de análise, como veremos. É importante marcar que esse tipo de relação com a pulsão não é sinônimo, não define o fim de análise, mas é um dos elementos que estaria ali presente.

poemas, pois é aquilo que sustenta o lugar de desejo. É nesse sentido que ele dirá que a ênfase está na pulsão, e não no objeto — nesse caso, a dama.

Lacan também se refere à anamorfose, figura das artes plásticas que ganhou importância nos séculos XVI e XVII e que consiste numa aparente distorção de um desenho ou pintura. No entanto, a distorção guarda um segredo; para enxergar a figura "escondida" nesse borrão ou desenho distorcido, é necessário posicionar os olhos de um determinado modo, em um ângulo preciso em relação à pintura. É o que vemos no quadro de Holbein, estampado na capa do seminário 11[173] e no qual uma caveira se esconde como um borrão no meio da pintura, revelando outro aporte do quadro. Ou seja, alterar a posição do olhar revela uma verdade escondida, ressignificando o quadro; a ilusão que a anamorfose comporta destrói a si mesma, na medida em que revela sua presença apenas como significante. Segundo Lacan, é essa característica de primazia da linguagem que faz com que a poesia tenha maior relevo no que tange à revelação do significante, aludindo ao que está para além — ou aquém — dele mesmo. A sublimação implica um reposicionamento em relação ao objeto, revelando o vazio que subjaz a ele e, assim, elevando esse objeto à dignidade do vazio — não qualquer um, mas o vazio de *das Ding*, objeto mítico perdido.

Quando Lacan define a sublimação como elevação do objeto à dignidade da Coisa, ele esclarece ao menos um

---

[173]LACAN, J. (1963-1964) *O seminário: livro 11: os quatro conceitos fundamentais da psicanálise*. Tradução de M. D. Magno. Rio de Janeiro: Jorge Zahar Editor, 1988.

ponto nodal da definição freudiana que sempre esteve sujeito a mal-entendidos: não se trata na sublimação de adaptabilidade da pulsão a um objeto socialmente valorizado — já que a pulsão é desadaptada por princípio, tal como discutimos antes. A sublimação se refere a um tratamento possível da pulsão que lança mão de um objeto. Esse objeto comum poderia fazer com que ele aludisse ao vazio da Coisa e, desse modo, criasse um valor social que antes não existia.

> É aí que reside o problema da sublimação, uma vez que é criadora de um certo número de formas, da qual a arte não é a única — e para nós tratar-se-á de uma arte em particular, a arte literária, tão próxima para nós do domínio ético. Pois é em função do problema ético que devemos julgar essa sublimação enquanto *criadora* de tais valores, socialmente reconhecidos.[174]

Aqui temos um sentido importante da sublimação: não se trata de *adaptação*, mas de *criação*. O sujeito, com seu ato sublimatório, que alude ao vazio a partir do objeto comum, cria valor social ali onde antes não havia. Não se trata, portanto, nem de adaptabilidade e nem de produção de objetos comercializáveis, como algumas leituras parecem indicar. Também não é a beleza ou a popularidade de uma produção artística que estão em jogo em uma produção sublimatória. Não é que a beleza ou a popularidade não possam estar presentes na sublimação, mas não são elas que a caracterizam ou

---

[174]LACAN, J. (1959-1960) *O seminário, livro 7: a ética da psicanálise*. Tradução de Antonio Quinet. Rio de Janeiro: Jorge Zahar Editor, 2008, p. 135, aula de 20 de janeiro de 1960 (grifo nosso).

a definem *a priori*. Essas características poderiam produzir o exato oposto da sublimação, ou seja, objetos que promovem a ilusão de um tamponamento do vazio.

Ao situar a sublimação, enquanto alusão ao vazio de *das Ding*, como possibilidade de criação *ex nihilo*, o autor também indica que no centro da ética da psicanálise está o real na sua vertente de vazio. Não é à toa que a primeira discussão extensa que Lacan faz da sublimação está justamente no seminário sobre a ética da psicanálise. Ele retoma o "Projeto para uma psicologia científica"[175], o *Entwurf*, e outros textos freudianos por encontrar neles uma "intuição ética" ou "o rastro de uma elaboração que reflete um pensamento ético"[176].

Por outro lado, a indústria capitalista é mestre em produzir esse tipo de objeto antissublimatório que se presta à ilusão de tamponamento do vazio: o carro do ano, a marca de roupa da moda, a joia cara, enfim, objetos que oferecem uma ilusão fálica de completude — como suas propagandas querem fazer crer —, objetos que tentam funcionar como rolha do vazio. Nesses casos, teríamos um recobrimento de *das Ding*, vazio fundamental real no centro do sujeito pela castração, falta simbólica que é inscrita na passagem pelo Édipo. Os objetos de consumo podem criar a ilusão (sempre provisória, daí a necessidade de comprar novos objetos sempre) de completude, tamponando ilusoriamente as duas faltas.

---

[175]FREUD, S. (1895) Projeto para uma psicologia científica. In: *Edição standard brasileira das obras psicológicas completas de Sigmund Freud. Publicações pré-psicanalíticas e esboços inéditos (1886-1889)*. Rio de Janeiro: Imago, 1990a, vol. I, p. 403-529.
[176]LACAN, J. (1959-1960) *O seminário, livro 7: a ética da psicanálise*. Tradução de Antonio Quinet. Rio de Janeiro: Jorge Zahar Editor, 2008, p. 51, aula de 2 de dezembro de 1959.

O que a existência da sublimação esclarece é que o vazio é estrutural do sujeito, razão pela qual nenhum objeto de completude é possível; ao mesmo tempo, é a partir do vazio que algo pode ser criado — e nesse sentido a arte tem muito a ensinar à psicanálise.

Além do exemplo de Prévert, um bom exemplo da criação de valor realizada pela sublimação é o *ready-made* de Marcel Duchamp, com um urinol de louça alçado à posição de peça de arte. Através da alusão ao vazio da Coisa, esse objeto mundano ganha estatuto inaugural e instaura importante diálogo no mundo das artes, pois coloca em questão a própria obra de arte. Não é minha intenção aqui adentrar o debate artístico dessa obra, que sem dúvida é extenso e ultrapassa em muito o escopo desse livro, mas sim de sublinhar que o gesto de Duchamp foi capaz de lançar mão de um objeto comum para fazer alusão ao vazio de *das Ding* e assim criar um valor que até então não existia.

Não se trata de utilizar um conceito da psicanálise para "explicar" a arte; as referências a Prévert, Duchamp e outros devem servir para fazer o oposto. É essa posição adotada por Freud que abre caminho para Lacan e outros com relação à arte e que permite afirmar que o psicanalista não apenas não aplicará a psicanálise à arte, "mas aplicará a arte à psicanálise, pensando que, porquanto o artista preceda o psicólogo, sua arte deve fazer avançar a teoria psicanalítica"[177]. Além de ser o oposto da concepção de que a psicanálise explicaria a arte, também vai na contramão de um certo modo de "aplicar" a psicanálise à arte, não mais do que encontrando nesta aquilo que já era ponto pacífico na teoria e confirmando o que já

---

[177]REGNAULT, F. *Em torno do vazio: a arte à luz da psicanálise*. Rio de Janeiro: Contra Capa, 2001, p. 20.

se sabe — não é a isso a que Lacan se refere quando alude à "psicanálise aplicada" em "Juventude de Gide"[178]? Por exemplo, fazer uma correspondência direta de elementos de uma obra que confirmariam a presença do Édipo, da castração etc., em uma modalidade que poderíamos chamar de relação imaginária da psicanálise com a obra de arte, na qual a arte apenas espelharia o que a psicanálise busca encontrar na obra, sendo esta mero espelhamento do sujeito do artista. Nessa situação, também poderíamos dizer que a psicanálise estaria em posição de mestria em relação à obra de arte, uma vez que se colocaria em lugar de domínio em relação à arte. Do ponto de vista da própria psicanálise, isso seria uma contradição em termos, já que o discurso do mestre é o avesso do discurso do psicanalista.

Desse modo, é importante destacar que a sublimação desde as artes é principalmente uma maneira de ampliar nossa abordagem da clínica, já que há produções artísticas que evidenciam, de modo quase didático, diríamos paradigmático, a maneira como se organizam em torno do vazio, aludindo desse modo à estrutura do sujeito[179].

Sublimação e clínica: ética, fantasia e fim de análise

Talvez por ter sido bastante utilizada para o debate em torno da produção artística e literária, a vertente clínica da sublimação não é muito abordada. Além das indicações de Freud,

---

[178]LACAN, J. (1958) Juventude de Gide ou a letra e o desejo. In: *Escritos*. Tradução de Vera Ribeiro. Rio de Janeiro: Jorge Zahar Ed., 1998, p. 749-775.
[179]Esse parágrafo e o anterior foram adaptados de meu artigo "Sublimação: laço entre arte e clínica", publicado na Revista Stylus em 2015.

que destacam a sublimação como saída possível frente ao conflito psíquico e, portanto, como horizonte do tratamento psicanalítico, Lacan faz indicações interessantes sobre a presença da sublimação no fim de análise, bem como sobre seu estatuto ético, conforme já comentado.

Seguindo as indicações lacanianas, podemos perguntar: se a sublimação implica um reposicionamento do objeto de tal modo que ele aluda à Coisa, não seria esse um dos efeitos de uma análise, um reposicionamento do objeto que permitiria um outro modo de satisfação da pulsão? Para responder a essa pergunta, façamos um breve apanhado da fantasia no ensino de Lacan e nos efeitos que uma análise pode operar nessa fantasia, que estão ligados à sublimação.

Lacan introduz a fórmula da fantasia, $\mathbb{S} \Diamond \mathbb{A}$, que pode ser lida como sujeito barrado punção objeto *a* ou, dito de outro modo, a maneira como um sujeito barrado pela castração — portanto, sujeito neurótico — se relaciona em junções e disjunções com seu suposto objeto de completude. A fantasia tem a função de ocultar a inconsistência do Outro, a falta no simbólico, funcionando como uma tela ou rede sobre o real. Ou seja, a fantasia seria a proteção que o sujeito neurótico conseguiu fabricar em sua passagem pelo Édipo para se proteger do real, do excesso pulsional, daquilo que não cessa de não se inscrever. Assim, a fantasia serve como uma justificativa que dá consistência àquilo que não tem consistência, impõe uma lógica onde ela não existe para proteger o sujeito do horror de saber, de um saber sobre o impossível de saber do real. Se funciona em parte como tamponamento que encobre algo do horror, também produz sintoma, inibição e angústia.

O percurso de uma análise, na concepção lacaniana, implica a travessia da fantasia, ou seja, que o sujeito faça, ao longo de seu trabalho analítico, um recorrido por acontecimentos marcantes de sua constituição, pelas contingências que lhe permitiram construir sua fantasia do modo como o fez. Esse percurso, uma vez que a análise seja orientada para a destituição subjetiva, permitirá ao sujeito que em algum momento ele se liberte do peso da fantasia. Não é que ela deixe de existir, mas que possa ser atravessada por um sujeito avisado de sua fantasia mas também de seu desejo. Uma vez atravessada a fantasia, a relação de um sujeito com seus objetos — e, portanto, seus modos de satisfação pulsional — irá necessariamente mudar, por não estar mais condicionada pela fantasia, que determinava uma certa fixação nas relações de objeto e nos modos de satisfação pulsional. Estando mais avisado do vazio, o sujeito poderia criar outros modos de satisfação da pulsão. Nesse sentido, a sublimação — enquanto alusão ao vazio e aliada à ética do desejo, própria da psicanálise - pode ser tomada como norte ético.

No seminário 7, Lacan explicita que a busca por análise implica, no fundo, uma demanda por felicidade. O analista, segundo ele, acolhe essa demanda, mas não vai respondê-la, por saber que a felicidade é ela mesma um engodo da fantasia, a não ser pela via da satisfação da tendência — da pulsão — pela via da sublimação, ou seja, levando em conta o vazio.

> Na definição da sublimação como satisfação sem recalque há, implícito ou explícito, a passagem do não saber ao saber, reconhecimento disto, que o desejo nada mais é do que a metonímia do discurso da demanda. É a mudança como tal. Insisto — essa relação propriamente metonímica de um significante ao outro que chamamos de desejo, não é o

novo objeto, nem o objeto anterior, é a própria mudança de objeto em si.[180]

Nesse sentido, a sublimação permite a satisfação da pulsão sem fixação, sem recalque e ao mesmo tempo contemplando a satisfação pela via desejante, ou seja, pela mudança de objeto, que inclui a alusão ao vazio — e não seu tamponamento. Importante lembrar que só podemos ter notícias do desejo a partir da linguagem, do significante, ao mesmo tempo em que o desejo não se reduz a ele. Há um fora do significante do desejo, que viemos discutindo neste livro a partir de *das Ding*, elemento real que dá as coordenadas do prazer — e consequentemente do desejo. Assim, é nos intervalos da demanda, essa sim aderida à linguagem, que o desejo surge.

Em termos do percurso de uma análise, estaria em jogo, portanto, na sublimação a possibilidade de um reposicionamento do sujeito em relação aos seus objetos — na verdade, em relação à própria pulsão e ao desejo — que permitiria aludir ao vazio, ao invés de, com a fantasia, tamponar ilusoriamente a falta. A questão diz respeito ao percurso de uma análise de modo que ela chegue a esse ponto. É essa discussão que o autor leva adiante não apenas no seminário sobre a ética da psicanálise[181], mas em vários outros textos e seminários, como naquele sobre a lógica da fantasia[182], no qual estabelece a sublimação como o vetor que conduz o sujeito

---

[180]LACAN, J. (1959-1960) *O seminário, livro 7: a ética da psicanálise*. Tradução de Antonio Quinet. Rio de Janeiro: Jorge Zahar Editor, 2008, p. 352, aula de 22 de junho 1960.
[181]*Ibid*.
[182]LACAN, J. (1966-1967) *O seminário: A lógica do fantasma*. (Publicação não comercial exclusiva para os membros.) Recife, Centro de Estudos Freudianos do Recife, 2008a.

da fantasia ao ato analítico, esse ato que marca a passagem de analisante a analista ao término de uma análise.

Por fim, gostaria de sublinhar que o tema do fim de análise é importante no ensino de Lacan, principalmente na medida em que grande parte da formação de um analista se dá em sua própria análise, como parte do tripé da formação proposto por Freud: análise pessoal, supervisão e formação teórica. Evidentemente, aqui abordamos o tema apenas de modo incidental, devido a sua ligação com a sublimação. Importante notar que se trata de um tema mais complexo e que a sublimação é apenas um dos elementos nele envolvidos.

Considerações finais

Por se tratar de um livro introdutório, foi feito um recorte do tema, analisando de modo sucinto tanto os eixos das discussões de Freud sobre a sublimação quanto os da abordagem de Lacan em seu seminário sobre a ética da psicanálise[1]. Esse recorte não incluiu, por exemplo, a relação da sublimação com as outras estruturas clínicas, a perversão[2] e a psicose, e tampouco outros avanços de Lacan, principalmente nos seminários 14[3] e 16[4]. A discussão na interface com as artes também teve caráter introdutório, não adentrando por exemplo a articulação com o sublime[5], ligado ao campo da filosofia.

---

[1] LACAN, J. (1959-1960) *O seminário, livro 7: a ética da psicanálise*. Tradução de Antonio Quinet. Rio de Janeiro: Jorge Zahar Editor, 2008.
[2] Para uma melhor análise do vínculo entre sublimação e perversão, ver MARTINHO, M. H. C. Perversão: um fazer gozar. Tese (Doutorado em Psicanálise). Universidade Estadual do Rio de Janeiro. Rio de Janeiro, 2011.
[3] LACAN, J. (1966-1967) *O seminário: a lógica do fantasma*. (Publicação não comercial exclusiva para os membros.) Recife, Centro de Estudos Freudianos do Recife, 2008a.
[4] LACAN, J. (1968-1969) *O seminário, livro 16: de um Outro ao outro*. Tradução de Vera Ribeiro. Rio de Janeiro: Jorge Zahar Editor, 2008.
[5] Aprofunda-se no tema ROCHA, G. M. O estético e o ético na psicanálise: Freud, o sublime e a sublimação. Tese (Doutorado em Filosofia). Universidade de São Paulo. São Paulo, 2010.

A sublimação é um dos quatro destinos da pulsão enunciados por Freud em 1915. A formulação mais completa da sublimação oferecida por Freud, em 1922, implica uma mudança de meta e de objeto da pulsão, de uma meta e um objeto sexuais para outros não sexuais, mas socialmente valorizados. Diríamos, assim, que a sublimação acarretaria uma dessexualização. A proposta freudiana, embora seja de grande interesse, carrega dois problemas: primeiro, como seria possível dessexualizar a pulsão, uma vez que ela é a própria expressão da sexualidade? Segundo, como não transformar a sublimação em um processo adaptativo, o que seria totalmente incompatível com a descoberta do inconsciente?

Lacan propõe a sublimação como elevação do objeto à dignidade da Coisa. Nesse caso, a ênfase da sublimação não estaria na natureza do objeto, mas no tratamento dispensado a ele, não consistindo, dessa forma, na dessexualização do objeto — e menos ainda da pulsão, pois seria impossível dessexualizar o sexual. No que tange ao segundo problema, Lacan esclarece que na sublimação não se trata de se adaptar aos valores sociais vigentes, mas sim de criar valor a partir da alusão ao vazio de *das Ding*.

Se a sublimação é a elevação do objeto à dignidade da Coisa, ela pode ocorrer independentemente de uma análise, como provam muitos artistas com produções que aludem ao vazio de *das Ding*. Por outro lado, devemos considerar que a sublimação se apresenta também como um norte ético e como possibilidade de ganho com o fim de análise, porque implica que o sujeito esteja mais avisado do vazio estrutural e, tendo atravessado a fantasia, possa encontrar satisfações pulsionais menos submetidas às determinações de seu recalque e de sua fantasia.

Este livro foi impresso em março de 2021
pela gráfica Forma Certa para Aller Editora.
A fonte usada no miolo é Palatino Linotype corpo 11,5.
O papel do miolo é Off White 80 g/m².